Sammlung 〈Ausführliche Praktische Deutsche Grammatik〉 4
Herausgeber : Nagatoshi Hamasaki, Jun Otomasa, Itsuhiko Noiri
Verlag : Daigakusyorin

Verb[um]

動　　詞

浜崎　長寿
野入　逸彦　著
八本木　薫

浜崎長寿・乙政　潤・野入逸彦編集〈ドイツ語文法シリーズ〉4

東京　大学書林　発行

「ドイツ語文法シリーズ」刊行のことば

　ドイツ語の参考書も時代とともにいつしか種類が大いに変わって，初心者向きのものが多彩になるとともに，中級者や上級者のためのものは種類が減ってしまった．かつては書店のドイツ語参考書の棚でよく見かけた著名な中・上級向けの参考書はほとんど姿を消してしまっている．

　ドイツ語の入門者の要求がさまざまであることに対応して，さまざまに工夫された参考書が刊行されていることは，ドイツ語教育の立場からして大いに歓迎されるべきことである．しかし，入門の段階を終えた学習者がその次に手にするべき参考書の種類が乏しいことは，たんに中・上級へ進んだ人々が困るという問題であるばかりでなく，中・上級の学習者層が育たない原因にもなりかねず，その意味ではドイツ語教育の立場から憂わしい状態であると言うことができよう．

　私たちは，ドイツ語文法の入門課程を終えた人々が中・上級者としての知識を身につける基礎を提供することによって今日のわが国におけるドイツ語教育に寄与したいと考えた．そして，『ドイツ語文法研究概論』と題するハンドブックを第1巻として，他は品詞を単位に，あるいは「格」や「副文」のような文法項目を単位に，またあるいは「語彙」，「造語」，「発音」，「綴字」，「表現」，「文体」など中級者が語学力のうちに数えるべき分野を単位に，すべてを10巻にまとめ，「ドイツ語文法シリーズ」のタイトルのもとに刊行することにした．

　初級の文法知識をマスターして実地にそれらの知識を適用しながらさらに勉強を続けている人は，勉強して行くうちにさまざまな問題に出会って，自分の持っている知識をさらに深めたいと思っているはずである．あるいは特定の品詞や項目や分野について体系的な知識を得たいと望んでいると思われる．あるいはまた，自分が教えている現代ドイツ語の語形がどのようにして成立したのかという歴史的な由来も中級的な知識の一端として知りたいと考えられることもあろう．そのような希望に応えて，中・上級学習者の実地に役立つ知識を提供することが私たちの第一の願いである．そして，その際に記述がみだりに固くて難解にならないよう配慮し，いわば噛んで含めるように述べ，かつまた，きちんと行き届いた説明をすることが，私たちが心がけ

た第一の点である．

　各巻には巻末に参考文献を挙げ，索引を付けた．読者はこれらの文献を利用すれば，問題の品詞や項目や分野についてさらに広範で深い知識を得ることができる．読者はまた索引によって，日頃出会う疑問に対する解答を容易に見つけることができるであろう．そして索引はそればかりではなく，問題の品詞や項目や分野についてどのような研究テーマがあるのかを知るためにも役立てることができるであろう．

　私たちの「文法シリーズ」は，こうして，なによりも中・上級ドイツ語の学習者に実地に役立つことを目指してはいるけれども，同時にそれは現在すでに教壇に立たれ，ドイツ語を教えておられる方々にも必ずやお役に立つと信じる．授業を進められるうちに，自分の知識を再度くわしく見直したり，体系的に整理されたりする必要はしばしば生まれると考えられるからである．各巻の詳しい説明はその際にきっと役に立つであろう．また，各巻に添えられた文献表や索引もさらに勉強を深められるうえでお役に立つと信じる．

　私たちのこのような意図と願いは，ドイツ語学の若手研究者として日々篤実な実績を積まれている方々の協力によって，ここに第Ⅰ期10巻として実り，逐次刊行されることとなった．各執筆者の協力を多とするとともに，このような地味なシリーズの刊行を敢えて引き受けて下さった大学書林の御好意に対して深く謝意を表明するものである．

1999年　夏

浜崎長寿
乙政　潤
野入逸彦

まえがき

　ドイツ語の品詞のうち，動詞は活用（Konjugation）という独特の変化をする．ドイツ語の学習には語形変化とその用法への習熟が欠くことのできない要件である．医学になぞらえれば，実地の臨床面での修業に入る前に基礎医学的学修が不可欠なのと同じである．その意味で，本シリーズ第1巻「ドイツ語文法研究概論」，第7巻「語彙・造語」その他も参照し，さらに視野を広げて第10巻「表現・文体」の研究にも及んでいただきたい．

　学術的には動詞のことをラテン語でVerb(um)というが，ドイツ語風にはZeitwort（時の語）とも呼び，動詞の機能の重要な一面を表している．本書では4.2. 時称の項に多くの紙数を費やした．その4.2. の後半は八本木の研究によるが，はじめの部分の記述，例文等は文献中の早川・浜崎「受動と時称」から転用したものが多い．なお時称（Tempus），特に接続法の時称形の説明は旧来の語形組織上の呼称を規準とし，現行の慣習的呼称「Ⅰ式・Ⅱ式」を並記した．ドイツ語を公用語とする国や地域でも，取りあつかう時代や，その研究者によってまちまちな時称・時制の説明に順応しやすいからである．

　紙数の関係でそれ以外の章はかなり制限した基本的説明になったが，著者三名の研究をもとにして全体は浜崎がまとめた．内容的に各章を関連づけるよう心がけたが，例文出典による正書法の異同やまた動作態様等，文法用語の不統一その他，種々の不備，重複等の欠点に対する一切の責任は全体をまとめた浜崎にある．

　原稿の整理に当っては乙政氏に種々助言，助成をいただき，また原稿作成に際し，茨木美帆，村田美紀両氏にも多大の協力をいただいた．ここに記して厚く感謝の意を表する．

2007年　11月
著者を代表して
浜崎　長寿

目　　　次

4.1. 動詞の機能，文構成との関わり ································1
　4.1.1. 文成分としての動詞とその位置 ····························2
　　　（1）　文と動詞 ··2
　　　（2）　主語の省略 ··4
　　　（3）　否定の nicht の位置 ·····································5
　　　（4）　副文の構造（定動詞後置）と文要素としての副文
　　　　　　の役割 ···6
　4.1.2. 動詞の分類 ··9
　4.1.3. 動詞の変化形態 ··11
　4.1.3.1. 動詞変化の概念とその規定要素 ·······················11
　　　（1）　三基本形の注意 ···15
　　　（2）　過去分詞の前に ge- を追加しない動詞 ············16
　　　（3）　三基本形 ··17
　　　（4）　作為動詞（Kausativ[um]/Faktitiv[um]）········19
　　　（5）　強変化動詞の三基本形の分類 ······················19
　4.1.3.2. 動詞変化のまとめ ··24
　　　（1）　現代ドイツ語文法変化の概念図 ···················24
　　　（2）　動詞単独形の変化 ·····································26
　　　　　　a．直説法現在形・接続法Ⅰ式現在・命令法 ·····26
　　　　　　b．直説法過去形・接続法Ⅱ式現在 ················26
　　　（3）　能動態変化のまとめ ··································28
　　　　　　a．不定詞・分詞 ··28
　　　　　　b．現在形 ··28
　　　　　　c．過去形・Ⅱ式現在 ···································28
　　　　　　d．現在完了形 ··28
　　　　　　e．過去完了形 ··28
　　　　　　f．未来形 ··29
　　　　　　g．未来完了形 ··29
　　　　　　h．第Ⅰ条件法 ··29

目　　次

　　　　　　　　ⅰ．第Ⅱ条件法……………………………………29
　　　　　　　　ｊ．助動詞による拡張パターン…………………29
　4.1.4.　動詞の語源，造語法，分離・非分離，動作態様，アスペクト，
　　　　格支配，基本文型などの関わり………………………………30
　　　　　　（１）　アスペクト……………………………………30
　　　　　　（２）　完了の助動詞 haben と sein の使い分けとの関係 …34
　　　　　　（３）　動詞の格支配（Rektion）・ヴァレンツ（Valenz
　　　　　　　　　動詞価）などとの関係……………………………35
4.2.　時称（Tempus）…………………………………………………38
　4.2.1.　時称の概略………………………………………………………38
　4.2.1.1.　時称変化の要約………………………………………………38
　　　　　　（１）　時称形（Tempus）と実際上の時（Zeit）…………38
　　　　　　（２）　（心理的）現在・過去・未来と完了・不完了………39
　　　　　　（３）　定時的・不定時的・普遍的表現……………………42
　　　　　　　　ａ．定時的用法……………………………………43
　　　　　　　　ｂ．不定時的用法…………………………………43
　　　　　　　　ｃ．普遍的用法……………………………………44
　4.2.1.2.　時称と動作態様（Aktionsart）・アスペクト（Aspekt）・
　　　　　パースペクティヴ（Perspektive）………………………45
　4.2.2.　直説法現在形……………………………………………………50
　4.2.2.1.　変化形…………………………………………………………50
　　　　　　（１）　直説法現在変化の一般型……………………………50
　　　　　　（２）　直説法現在変化の特例……………………………50
　4.2.2.2.　現在形の一般的性質…………………………………………51
　　　　　　（１）　持続性の拡大…………………………………………51
　　　　　　（２）　完了的表現……………………………………………52
　　　　　　（３）　いわゆる歴史的現在…………………………………52
　　　　　　（４）　未来の事柄……………………………………………52
　　　　　　（５）　確定的な事柄としての言明…………………………52
　4.2.2.3.　定時的な事柄の表現…………………………………………52
　4.2.2.4.　不定時的な事柄の表現………………………………………53
　4.2.2.5.　普遍的な事柄の表現…………………………………………54

目　　次

4.2.2.6.　相対的用法…………………………………………………55
4.2.2.7.　他の語形との代替関係………………………………………56
　　　　（１）　現在形の未来的ならびに話法的用法…………………56
　　　　（２）　過去の事柄に関する用法（ものごとを眼前に見る
　　　　　　　　ように描写する語法）…………………………………57
　　　　（３）　戯曲の台本のト書き等……………………………………59
　　　　（４）　現在形によるものごとの説明…………………………60
4.2.3.　　直説法過去形……………………………………………………62
4.2.3.1.　変化形…………………………………………………………62
4.2.3.2.　過去形の一般的性質………………………………………62
4.2.3.3.　定時的な事柄の表現…………………………………………63
4.2.3.4.　不定時的な事柄の表現………………………………………64
4.2.3.5.　普遍的な事柄の表現…………………………………………64
4.2.3.6.　相対的用法…………………………………………………65
4.2.3.7.　他の語形との代替関係………………………………………67
　　　　（１）　完了の表現…………………………………………………67
　　　　（２）　非事実の表現………………………………………………68
4.2.4.　　直説法現在完了形……………………………………………69
4.2.4.1.　変化形…………………………………………………………69
4.2.4.2.　完了形の由来，助動詞 haben と sein の使い分け………69
4.2.4.3.　定時的な事柄の表現………………………………………72
　　　　（１）　完了性を主とした観点による場合……………………72
　　　　（２）　先時性を主とした観点による場合……………………73
4.2.4.4.　不定時的な事柄の表現………………………………………73
4.2.4.5.　普遍的な事柄の表現…………………………………………74
4.2.4.6.　相対的用法…………………………………………………74
4.2.4.7.　他の語形との代替関係………………………………………74
4.2.5.　　直説法過去完了形……………………………………………76
4.2.5.1.　変化形…………………………………………………………76
4.2.5.2.　過去完了形の性格と時間関係の表示……………………76
　　　　（１）　先時性を表わす過去完了形……………………………77
　　　　（２）　先時性を表わす現在完了形……………………………78

目　　次

- 4.2.5.3. 相対的用法……………………………………………79
- 4.2.6. 直説法未来形……………………………………………83
- 4.2.6.1. 変化形………………………………………………83
- 4.2.6.2. 未来形の由来…………………………………………83
- 4.2.6.3. 定時的・不定時的・普遍的な事柄の表現…………………84
- 4.2.6.4. 相対的用法……………………………………………85
- 4.2.6.5. 話法的用法……………………………………………85
- 4.2.7. 直説法未来完了形…………………………………………88
- 4.2.7.1. 変化形………………………………………………88
- 4.2.7.2. 未来完了形とその省略…………………………………88
- 4.2.7.3. 現在完了形がこれに替わる場合…………………………89
- 4.2.7.4. 話法的用法……………………………………………90
- 4.2.8. その他の延長形式…………………………………………93
- 4.2.9. 接続法の時称………………………………………………94
- 4.2.9.1. 変化形………………………………………………94
- 4.2.10. 受動態の時称……………………………………………101
- 4.2.10.1. 変化形………………………………………………101
- 4.2.10.2. 変化形についての説明………………………………101
- 4.2.11. 文体と時称──過去形と現在完了形の使い分けについて……103
- 4.2.11.1. 内在する意味の相違…………………………………105
- 4.2.11.2. 形式的な文構造の相違………………………………106
- 4.2.11.3. 動詞自体の類縁………………………………………106
- 4.2.11.4. 話者の心理的発話態度………………………………107
- 4.2.11.5. 発話状況……………………………………………107
- 4.2.11.6. 文体…………………………………………………107
- 4.2.11.7. 社会的言語圏………………………………………108
- 4.2.11.8. 年齢…………………………………………………108
- 4.2.11.9. 地域的言語圏………………………………………109
- 4.2.11.10. 音声上（響き）の問題………………………………109
- 4.2.12. 文体と時称──体験話法の時称…………………………110
- 4.2.12.1. 地の文が過去形の場合………………………………111
- 4.2.12.2. 地の文が現在形の場合………………………………113

目　　次

4.2.13. 時称の種々の記述方法について……………………………………116
4.2.13.1. 六つの時称形式………………………………………………116
　　（1）　五つの時称形式 …………………………………………117
　　（2）　四つの時称形式 …………………………………………117
　　（3）　三つの時称形式 …………………………………………118
　　（4）　二つの時称形式 …………………………………………118
　　（5）　一つの時称形式 …………………………………………118
　　（6）　八つの時称形式 …………………………………………118
4.2.13.2. 九つの時称形式………………………………………………119
　　（1）　12の時称形式 ……………………………………………120
　　（2）　七つの時称形式 …………………………………………120
　　（3）　新しいパラメーターによる六つの時称形式 ……121
4.2.13.3. 二つのグループに分けるシステム（8形式と10形式）……121
4.3.　法／話法（Modus）……………………………………………………123
4.3.1.　直説法（Indikativ）…………………………………………………124
4.3.2.　接続法 Konjunktiv（希求法 Optativ）……………………………126
　　（1）　直説法と接続法の時称形 ………………………………127
　　（2）　接続法の時称形 Tempus と時間関係 Zeitverhältnis
　　　　　　………………………………………………………………127
　　（3）　接続法の用法 ………………………………………………127
　　　　　a．間接引用の接続法 ……………………………………127
　　　　　b．要求（希求・願望）の接続法 ……………………130
　　　　　c．非現実の接続法 ………………………………………131
4.3.3.　命令法（Imperativ）…………………………………………………133
　　（1）　命令法の変化 ………………………………………………133
　　　　　a．短母音の場合 …………………………………………134
　　　　　b．長母音の場合 …………………………………………134
　　（2）　2人称単数 du に対する命令法単数形 …………136
　　（3）　2人称複数 ihr に対する命令法複数形 …………138
　　（4）　敬称 Sie の場合 …………………………………………139
　　（5）　分離動詞 ……………………………………………………140
　　（6）　命令法と主語 ………………………………………………140

目　　次

　　　　　（7）　その他の命令的表現 ……………………………………140
　4.3.4.　話法の助動詞／法助動詞（Modalverb）………………………142
　　4.3.4.1.　話法の助動詞の変化 ………………………………………142
　　4.3.4.2.　話法の助動詞の意味 ………………………………………144
　　　　　（1）　客観的意味と主観的意味 ………………………………145
　　　　　（2）　独立動詞として用いられた例 …………………………146
　　　　　（3）　文の構成等，話法の助動詞と用法上類似の動詞 ……146
　　　　　（4）　話法の助動詞と否定 ……………………………………147
　　　　　（5）　話法の助動詞と同様の意味で用いられる動詞 ………148
4.4.　態（Genus verbi/Genera verbi）……………………………………149
　4.4.1.　能動態（Aktiv）…………………………………………………150
　4.4.2.　受動態（Passiv）…………………………………………………151
　　4.4.2.1.　受動表現の注意事項 ………………………………………151
　　4.4.2.2.　werden による動作受動 …………………………………153
　　　　　（1）　能動文と受動文の関係 …………………………………154
　　4.4.2.3.　その他の受動表現 …………………………………………157
　　4.4.2.4.　種々の受動的表現 …………………………………………158
　　4.4.2.5.　種々の受動表現の互換性 …………………………………159
　4.4.3.　再帰動詞 …………………………………………………………162
　　4.4.3.1.　再帰代名詞 …………………………………………………162
　　　　　（1）　再帰代名詞の用法に関する注意 ………………………163
　　4.4.3.2.　再帰動詞 ……………………………………………………164
　　4.4.3.3.　いわゆる相互代名詞（reziprokes Pronomen）…………166
　　4.4.3.4.　その他 ………………………………………………………166
4.5.　その他 ……………………………………………………………………168
　4.5.1.　複合動詞 …………………………………………………………168
　　4.5.1.1.　複合動詞という呼称 ………………………………………168
　　4.5.1.2.　非分離動詞 …………………………………………………170
　　4.5.1.3.　分離動詞 ……………………………………………………171
　　4.5.1.4.　分離・非分離動詞 …………………………………………172
　4.5.2.　非人称動詞（Impersonale）……………………………………172
　　4.5.2.1.　形態 …………………………………………………………172

目　　次

4.5.2.2.　自然現象に関するもの …………………………173
4.5.2.3.　感情・感覚等，心理的・身体的現象に関するもの …………175
4.5.2.4.　その他の非人称表現（es の用法）……………………176
4.5.3.　不定形（不定詞・分詞）………………………………179
4.5.3.1.　不定詞（Infinitiv[us]）………………………180
　　　　（１）（zu のない）不定詞 ………………………180
　　　　（２）　zu つきの不定詞 …………………………180
4.5.3.2.　分詞（Partizip[ium]）………………………181

参考文献 …………………………………………………184
事項の索引 ………………………………………………186
語句の索引 ………………………………………………192
人名および固有名詞 ……………………………………193

4.1. 動詞の機能，文構成との関わり

　動詞は，文の成立に根幹的に関わる重要な品詞であるが，その文中での在りようは，言語によってさまざまである．元来，その関わり方は主として文章論で取り扱われる事柄であるが，例えば日本語の場合と比べ，また英語とも比べてみて，下に掲げる例を一瞥しただけでも現代ドイツ語の動詞の特色は基本的に理解されるであろう．この巻で動詞のあらましを説明するにあたり，まず簡単な文例を掲げ，次に動詞の変化形態を包括的に提示した上で，以下の各項目に入る．すなわち，4.2. 時称 (Tempus)，4.3. 法／話法 (Modus)，4.4. 態 (Genus verbi)，4.5. その他．

　動詞は文成立の根幹になるものであるが，また，例えば代表的な基本文型のひとつである「どこそこに～がある」というような存在の表現ひとつをとってみても，実は，言語によって使われる動詞の種類に幅があるのである．同じ日本語の中でも，存在の表現に生物か無生物か，あるいは一般的観察・客観的叙述か具体的観察による報知かなどの違いで「ある／いる」の使い分けがあり，またそこには方言差も認められるが，ドイツ語はまたドイツ語で，ただ sein (英 be) によって「ある」と言えばすむところを，stehen「立っている」とか liegen「横たわっている」とか状態・姿勢などを表す動詞を好んで使い分ける傾向がある．

　　Eine Bank *steht* in Düsseldorf auf der Königsallee.　ベンチがひとつデュッセルドルフのケーニヒスアレー（通りの名称）に立っている．
　　Die Bank *liegt* an der Königsallee.　その銀行はケーニヒスアレーにある．

　その対象の形状や規模にもよるが，大体それが如何なるものであるか，そしてそれが如何なる場所にあり，どのような視点からとらえられているかによって，動詞にも，また関連する前置詞や状況語の選択にも幅がありうる．これは外国語としてドイツ語を学ぶ立場からは，近隣の言語の話者でもなかなか分かりにくい問題であって，たとえば本来，縦も横もないはずの「球／手まり」でさえもが，「位置を占める」という意味で，

動　詞

　　　Unter dem Tisch *liegt* ein Ball.
のように「机の下に横たわってい」たりする．

4.1.1.　文成分としての動詞とその位置

(1)　文と動詞
　　動詞，特に定動詞なしでも，名詞その他の語句により，たとえば
　　　Oh, Sonne!　おお，太陽（が出たぞ）．
　　　(Bitte) Achtung!　御注意．(Attention [please] に当る．)
　　　Vorsicht!　注意．気をつけて．
　　　Aufgestanden!　　(aufstehen の過去分詞)
　　　Ohne mich!　私はごめんだ（直訳：私を除いて）．
などのように意思の伝達，思考の表現は可能であるが，ドイツ語では通常，文の構成は定動詞を基礎として行われる．
　　どの言語においても，文を構成する要素として動詞はとりわけ重要な品詞であるが，語の文法的変化をおこなう屈折語 (flektierende Sprache →1.1.5.：Sprachtyp) であるドイツ語の「動詞」を説くにあたり，本書では動詞変化 (Konjugation) という外的形態の面からはじめる．
　　その前にまず，簡単な文構成の上で，動詞がどのような位置に配されるかという，配語法 (Wortfolge) の面から若干の例を示しておく．
　　文の構成という面で，ドイツ語では定動詞が文の中軸的役割を果たす．そして，強調の度合いや話の流れ (→1.1.4.：Thema, Rhema)，その場その場の事情等によって，主語以外でも種々の文要素が（原則として一つ）文頭に立つことができる．

　　　　前域 ─────────┬─── 文域
　　　　（彼は　　　　　　　　来る　　今晩　　私の所へ）
　　　　Er　　　　　　　　**kommt** heute abend zu mir.
　　　　Heute abend　　　**kommt** er zu mir.
　　　　Zu mir　　　　　　**kommt** er heute abend.
　　　分離前綴（接頭辞）は文末にとどまり，枠構造をつくる．
　　　　（列車は　　　　　　着く　　10時に　　ミュンヒェンに）
　　　　Der Zug　　　　　**kommt** um 10 Uhr in München　　　**an**.

4.1. 動詞の機能，文構成との関わり

Um 10 Uhr　　　　**kommt** der Zug in München　　　　**an**.
In München　　　　**kommt** der Zug um 10 Uhr　　　　**an**.

複合時称の過去分詞や種々の助動詞とともに使われた不定詞等も文末におかれ，枠構造をなす．

（彼は　　　　今日　　　　兄／弟と　　　　映画館へ行った）
Er　　　　　　　　**ist** heute mit seinem Bruder ins Kino **gegangen**.
Heute　　　　　　**ist** er mit seinem Bruder　　　ins Kino **gegangen**.
Mit seinem　　　 **ist** er heute　　　　　　　　　ins Kino **gegangen**.
Bruder

ただし次のような構文では枠外に置かれる語句がある．

Er　　　**kann** fließend Deutsch　　　**sprechen** wie sein Lehrer.
彼は　　流暢にドイツ語が　　　　　　話せる　　彼の教師と同様に

Sie　　　**ist** mit keinem anderen　　　**gesprochen** als mit seinem Vater.
彼女は　他ならぬ　　　　　　　　　　　彼の父親と話をした

Er　　　**hat** gestern noch im Büro　　**gearbeitet** bis spät in die Nacht.
彼は　　昨日（なお）夜遅くまで　　　　会社で仕事をした

名詞，形容詞，動詞などの変化詞が一語一語の変化をあまりしなくなり，その代りに前置詞や語順，助動詞などの補助手段による分析的表現がよく発達した現代英語では，語順も意味とかなり密接に関連しあっているので，たとえば〈I saw him.〉のI と him のように，たとえ語形で主語と目的語が明白な場合でも，この語順を変えて〈*Him saw I.〉などとすることは通常行われない．ドイツ語では，事情が許す限りにおいてという制限つきではあるが，上にあげたような内容の文では，文要素の位置の変更は自由であり，前後関係やその場の事情，話の流れによって決まるのである．ただし，上例中のins Kino gehen は〈映画を見に行く〉という内容的にまとまった語句なので，特にオペラ，音楽会，演劇などとの区別を強調するときでなければ大体ひとまとまりにしておかれる．

関係文や，従属接続詞に導かれる副文の場合，定動詞は原則として文末に

置かれ，複合詞と一対となって一種の枠構造を作る．

 Diese Dame ist es, *die* ich gestern gesehen **habe**.　私が昨日会ったのは此の婦人です．

 Ich hoffe, *daß* du morgen ihn **besuchst**.　君が明日彼を訪ねることを希望する．

疑問や命令・要望などを内容とする文では定動詞が文頭に立つ形式がよく行われる（倒置法の一種）．

 Wollen Sie etwas trinken？
 何かお飲みになりますか．（疑問文）
 Kommt er heute？
 彼は今日来ますか．（疑問文）
 Ist er schon gekommen？
 彼はもう来ているか．（文内容全体に対する倒置の疑問文）
 Kommen Sie bitte herein！
 どうぞお入りください．（要望・命令的内容の倒置文）

（2）　主語の省略

主語と定動詞の順序が割合固定的な言語もあるが，上述のように，ドイツ語では定動詞を軸に主語その他の文要素が状況次第で前後入れ替わることがあるうえ，主語なしで成立する文もある．

 a.　du, ihr に対する命令法の文では，特に指定や強調などのために定動詞の後に主語を補う場合以外，通常，主語は不必要である．

 Komm (du) schnell！　急いでおいで．
 Hör (du) mal！／Hör einmal！　まあ聞きなさい．

 b.　心理・生理現象に関する非人称動詞を用いた文では，虚辞の es が文頭以外で不必要となる．

 Mich *hungert* (es).　お腹が空いた．（＜Es *hungert* mich.）
 Mir *schwindelt* (*es).　目がまわる．くらくらする．（＜Es *schwindelt* mir/mich.）

 c.　自動詞の受動文で（→1.2.23.3.）形式主語 es が文頭以外に位置するため省略される場合．

 Ihm *wird* (es) von ihr geholfen.　彼は彼女に助けられる．（＜Es *wird* ihm von ihr geholfen. ＜〔能動文〕Sie hilft ihm.）

4.1. 動詞の機能，文構成との関わり

Heute abend *wird* (es) getanzt. 今晩ダンスがある。（＜Es *wird* heute abend getanzt. heute abend は状況語＜〔能動文〕Man tanzt heute abend.）

　日本語のように，主語に限らず種々の文要素が事情・状況次第でしばしば省かれる言語もあり，また，ドイツ語の属するインド・ヨーロッパ語族の系統でも動詞の形態でそれが明らかであれば，主語の代名詞が通常不必要となる言語も多いが，ドイツ語や英語などゲルマン語派の系統では，主語と定動詞が重要な文要素である。なお，ロシア語のように動詞なしでも文が成立する率の高い言語もある。

　更に，文中の語順についても言語により様々な問題があって，スラブ系のように動詞に限らず種々の文要素の文中での位置が比較的自由なものから，現代英語のように，主語・定動詞の語順が重要視されるものまでいろいろである。

（３）　**否定の nicht の位置**

　ドイツ語では現代英語の do のような否定のための助動詞を用いない。

　a.　全文否定の例

	与え	その子に	そのケーキを	ない）
（私は				
Ich	**gebe**	dem Kind	den Kuchen	*nicht.*
Dem Kind	**gebe**	ich	den Kuchen	*nicht.*
Den Kuchen	**gebe**	ich	dem Kind	*nicht.*

　文に助動詞と本動詞が使われている場合，本動詞の方が nicht より文末を占める力が強い。

		その子に	そのケーキを	与えなかった）
（私は				
Ich	**habe**	dem Kind	den Kuchen	*nicht* **gegeben.**
Dem Kind	**habe**	ich	den Kuchen	*nicht* **gegeben.**
Den Kuchen	**habe**	ich	dem Kind	*nicht* **gegeben.**

　b.　部分否定の例

		その子には	そのケーキを	与えなかった）
（私は				
Ich	**habe** *nicht*	dem Kind	den Kuchen	**gegeben.**
Nicht dem Kind	**habe**	ich	den Kuchen	**gegeben.**
Den Kuchen	**habe** ich *nicht*	dem Kind		**gegeben.**

　　　　　　　　　　　　動　　詞

　　（私は　　　　　　　その子に　そのケーキは　　与えなかった）
　　Ich　　　　　　　**habe** dem Kind *nicht* den Kuchen　**gegeben**.
　　Nicht den Kuchen　**habe** ich dem Kind　　　　　　　**gegeben**.
　　Dem Kind　　　　　**habe** ich *nicht* den Kuchen　　　**gegeben**.

　　Nicht ich　　　　　**habe** dem Kind den Kuchen　　　 **gegeben**.
　　私がその子にそのケーキを与えたのではない．
　c．その他
　　Ich　　　　　　　　**habe** dem Kind nichts　　　　　　**gegeben**.
　　私はその子に何も与えなかった．
　　Ich　　　　　　　　**habe** niemandem den Kuchen　　　**gegeben**.
　　私は誰にもそのケーキを与えなかった．
　　Niemand/Keiner　　**hat** dem Kind den Kuchen　　　　**gegeben**.
　　誰もその子にそのケーキを与えはしなかった．

（4）　副文の構造（定動詞後置）と文要素としての副文の役割
　副文をつくる接合詞には，従属接続詞，関係代名詞，関係副詞など種々のものがあるが，何れの場合も，定動詞が原則としてその副文の文末に来て締めくくりの役目をし，一種の枠構造をつくるというのがドイツ語の副文の特徴である．次にあげるように副文にも種々の役割があるが，定動詞 glaubt, studiert, habe はみな文末に置かれている．
　主語文
　　Wer leicht **glaubt**, wird leicht betrogen.　信じやすい人はだまされやすい．
　述語内容詞文
　　Sein Wunsch ist, daß **sein Sohn** Jura **studiert**.　彼の望みは息子が法学を修めることである．
　目的語文
　　Er weiß schon, was **ich** gelesen **habe**.　彼は私が読んだものをすでに知っている．
　状況語文
　　Können Sie warten, bis **ich** das Buch gelesen **habe**?　私がその本を読み終えるまでお待ち頂けますか．

4.1. 動詞の機能，文構成との関わり

付加語文

　Das Buch, das **ich** gelesen **habe**, ist sehr interessant.　私が読み終えたその本はたいそう面白い．

　副文のこのような配語法のおかげで，ドイツ語では長々と随分複雑な複合文をつくっても比較的わかりやすいわけだが，あまりそれに頼りすぎると，下のようなわざとらしい複雑複合文をつくることになる．

　Wenn du mir versprichst, daß du mir das Geld wiedergibst, sobald dir dein Vater den Scheck geschickt hat, kann ich dir die 100 Mark geben, obwohl ich noch mindestens zwei Wochen warten muß, bis ich mein nächstes Gehalt bekomme.

　おやじさんが〔君に〕為替を送ってきたらすぐに（君が）〔私に〕その金を返すと，（君が）〔私に〕約束するならば，（私は）〔君に〕その百マルクを貸してやってもよい，（私が）〔私の〕次の俸給をもらうまで，〔私は：この「私は」を残すならば先行する二つの「私」は省くのが適当である〕まだ少なくとも二週間待たなければならないんだけれども．

　動詞，形容詞やその他，名詞化された動詞などについても，ヴァレンツ（Valenz・結合価〔→1.1.4.〕）といって，幾つの補足分子をとるかということが問題になるが，各語個々のケースでの理論的なヴァレンツの要求度と，実際の文章中の省略の問題はまた別であって，一度与えられた情報を無闇に繰り返さないという省略法の発達した日本語と，英語やドイツ語とをこの面で同列に扱うことはできない．これはまた，代名詞（とりわけ人称代名詞）の性格やその用法についても留意すべきことである．

　また次の文は，古い官庁用語の文例としてあげられる極端な例で，真似るべきではないが，入れ子式の複合文と呼ばれ上述のようなドイツ語の特徴を利用してできている．定動詞とその主語のかかり方に注意．

　Derjenige, der denjenigen, der den Pfahl, der an der Brücke, die auf dem Wege, der nach Oberbach *führt, liegt, steht, umgeworfen hat, anzeigt, erhält* eine Belohnung von 10 Mark (/ *bekommt* fünf Dukaten als Belohnung.)

　オーバーバッハに通ずる街道にかかる橋のたもとに立つ標柱を倒した者を告発せるものには10マルク（／5ドゥカート）を褒賞として与える．

　定動詞を軸とする通常の文構成とはまた別に，動詞要素を最後にもって来

— 7 —

るというこの語順は，副文のみならず，いわゆる分詞文・不定詞文の場合や，さらにまた，文を構成するに至らない句のレベルでも見られるドイツ語のもうひとつの習性である．たとえば，英語の辞書とドイツ語の辞書に用例として挙げられている句の語順を想起すればすぐに気づかれるはずであるが，ここでは動詞句の形で用いられることわざを例として引用しておく．対比のためにいくつかの言語から同じことわざを引く．なお，英文法では原形に前置詞の to をつけた形を不定詞と呼ぶが，ドイツ語ではふつう〈zu つきの不定詞──(zu のない) 不定詞〉という区別の仕方である．

 Perlen vor die Säue *werfen*（ドイツ語）
 To cast pearls before swine（英語）
 Jeter des perles (marguerites) aux pourceaux（フランス語）
 Gettare le perle ai porci（イタリア語）
 Proicere margaritas ante porcos（ラテン語）
 (豚に真珠をなげる．)（マタイ伝7, 6の戒告に関連）

同じ形に見える語を同じ順序に並べても，種々の意味になり得る．語のアクセントや文のイントネーションにも異同がある．

 Kommen Sie morgen wieder！ 明日またいらっしゃい．（願望の接続法現在形（Ⅰ式現在）kommen による命令的表現．アクセントは kommen にある．）

 Kommen Sie morgen wieder？ 明日またいらっしゃいますか．（kommen は直説法現在形，アクセントは Sie にある．）

 Kommen Sie morgen wieder, so werde ich's Ihnen zeigen. 明日またいらっしゃい／明日またいらっしゃいますか／もし明日またいらっしゃれば(wenn の省略で kommen が文頭にくる場合)，そしたらそれをお目にかけましょう(コンマまでの前半部は意味によりアクセント，イントネーションが変る)．

4.1. 動詞の機能，文構成との関わり

4.1.2. 動詞の分類

　動詞は，名詞・代名詞など他の一切の変化詞とは全く趣を異にした変化をする品詞である（24・25ページの概念図表参照）．
　動詞の変化を規定する要素としては**人称・数・時称・法・態**の五つがあるが，概念図に示したように，中には助動詞を用いた複合形式によらなければ表せないものもある．（→1.1.2.1.）
　助動詞には時称の助動詞(sein, haben；werden)，受動の助動詞(werden, 〔状態受動 sein〕)，および話法の助動詞／法助動詞（→4.3.4.）などがある．
　　完了の助動詞　　er **ist** gekommen 彼は来た，**hat** gesagt 言った
　　未来の助動詞　　ich **werde** gehen 私は行くだろう，**werde** gekommen sein 来ているだろう
　　話法の助動詞　　er **muß**(**kann**) sagen 彼は言わねばならない（言うこと
　　／法助動詞　　　ができる）
　変化方式によって，動詞は**規則動詞**と広義の**不規則動詞**に大別される．
　　規則動詞　　　　leben(lebte) 生きる（生きていた），sagen(sagte) 言う（言った）等．
　　不規則動詞　　　gehen(ging) 行く（行った），stehen(stand) 立っている（立っていた）等．
　構成上は**単一動詞**と**複合動詞**（→4.5.1.）が区別される．複合動詞は活用に際して分離・非分離の使い分けに注意を要する．
　　単一動詞　　　　halten 保つ，stehen 立っている，schreiben 書く
　　複合動詞　　　　erhalten 入手する，verstehen 理解する，abschreiben 書き写す
　形態とその**用法**に注意すべきものに，**非人称動詞**（→4.5.2.）や**再帰動詞**（→4.4.3.）がある．
　　非人称動詞　　　es blitzt 稲光がする，es donnert 雷がなる，es schneit 雪が降る　等〔自然〕
　　　　　　　　　　es friert mich 私は寒い，es hungert mich 私は空腹である，es graut mir ぞっとする　等〔心理・生理〕
　　再帰動詞　　　　ich freue mich 私は嬉しい，ich erlaube mir 敢て…する

動　　詞

等（→4.4.3.2.）

　支配関係によって，**主語動詞**と**補足動詞**に，また別の観点からは**自動詞**・**他動詞**が区別される．

主語動詞	…………	gehen 行く，schlafen 眠る	
補足語 動詞 （目的語）	2格支配	gedenken 記憶する，harren 待望する	自動詞
	3格支配	helfen 助力する，glauben 信ずる	
	前置詞付	warten auf et. 待つ，streben nach et. 得ようと努める	
	4格支配	kaufen 買う，lieben 愛する ……他動詞	

同じ動詞が自動詞としても他動詞としても用いられることが少なくない．

　　Ich denke an dich.　私は君のことを思う（自動詞）．

　　Was denken Sie?　あなたは何を考えていらっしゃるのです（他動詞）．

また他動詞にも，一個の4格のみを取るもの（たとえば brechen 破る・折る），4格補足語の他にさらに2格補足語（berauben 奪う）や3格補足語（geben 与える）あるいは前置詞つきの補足語をとるもの（bitten 頼む），また，少数ではあるが，4格補足語を二つとるもの（lehren 教える，nennen 名づける）などがある．この lehren の4格補足語と nennen の場合の4格の併用は全く性質の違うものである．

　上記の助動詞とはまた性格の異なるものであるが，tun（英 do）をとくに否定の表現で強調に用いることがある．否定文を作る際に，ドイツ語では英語のように助動詞の否定形（don't）を用いないで，通常文末に nicht を置くだけである．

　　Extra gut aussehen *tust* du aber nicht.（どうもあまり調子がよくはなさそうじゃないか．）

機能動詞（Funktionsverb）

　日本語の「動作名詞＋する」という語法に似て，動詞から派生した名詞あるいは名詞句を目的語にとってしかつめらしく「～を行う」という意味を表す句に使われる動詞は，動詞的意味をほとんど失って，ただ文要素としての述語動詞の場所を塞ぐ機能しか果たしていないため，機能動詞と呼ばれる．いわゆる名詞文体の文体手段として，現代ドイツ語でかなり普及している．

4.1. 動詞の機能，文構成との関わり

次のようなものが主立った例である．
　bleiben, bringen, fallen, führen, geben, gehen, gelangen, geraten, haben, halten, kommen, lassen, leisten, liegen, nehmen, sein, setzen, stehen, stellen, treffen, treten, versetzen, ziehen など．
　若干の用例を示す．機能動詞を交換することによって意味が異なってくる例もあるが，その数は限られている．
　zur Verfugung stehen/stellen/haben 役立つ／用立てる／意のままにできる
　in Zorn/Wut kommen/bringen 激昂する／激昂させる
　außer Betracht bleiben/lassen 無視される／無視する

4.1.3. 動詞の変化形態

　名詞的品詞の性・数・格（・人称）の変化の場合と同様に，動詞の変化についても，インド・ヨーロッパ語族の各語派ごとに，また個別言語ごとにそれぞれの歴史的事情がある．人称と数の概念は名詞的品詞の変化と共通であるが，それに加えてドイツ語の動詞変化につき時称，法，態の順に基本的なことを述べると以下のようになる（分詞は動詞から派生した形容詞的性格の形態であり，形容詞や副詞としても用いられるが，動詞変化の面で，種々の助動詞と結んで複合形式に用いられる）．
　また不定詞は名詞的性格のものであるが，これも未来や話法の助動詞と結んで，同じく動詞変化の補いに利用される．

4.1.3.1. 動詞変化の概念とその規定要素

　本書24・25ページの動詞変化の概念図，および第1巻198・199ページの文法変化概念図表にも示したように，ドイツ語の動詞変化 (Konjugation) の規定要素は次のとおりである．
　人称 Person
　　1．ich komme/höre　　　　wir kommen/hören
　　2．du kommst/hörst　　　　ihr kommt/hört
　　3．er・sie・es kommt/hört　sie kommen/hören
　　　　　　　　　　　　　　　（Sie 大文字によって，この形を2人称

動　詞

　　　　　　　　　　　　　　単・複数の敬称にも用いる．）
　数 Numerus
　　単数　ich komme　以下，上の人称の例の左側
　　複数　wir kommen　以下，人称の表の右側
　時称 Tempus：26〜29ページの表を参照．
　　　直説法の6形態，接続法の8形態，命令法の2形態（通常，命令法は現在形だけをよく用いる）であるが，時称が何形式あるかについては定説がない．その原因は，ゲルマン語古来の現在形，過去形の二つのタイプ以外，助動詞による複合形式を幾つまで認めるかについて意見が定まらないからである．
　法（話法）Modus
　　直説法　du kommst
　　接続法　du kommest
　　命令法　komm［du］！
　態 Genus verbi（通常，複数形で Genera verbi と表示される）
　　能動態　er wäscht das Kind
　　受動態　das Kind wird gewaschen
　　中間態（ドイツ語では再帰動詞が関係する：er wäscht sich）
　前記のように，人称（1，2，3）と数（単，複）は名詞的品詞の変化にも関与する概念であるが，時称・法（話法）・態は動詞の変化独特のものである．つまり，変化詞のうちで動詞だけは特異な変化をするわけで，これはインド・ヨーロッパ語族のどの言語についても言えることである．
　これらの規定要素については各言語とそれぞれの時代ごとに事情が異なるが，とりわけ時称 Tempus については，その関連事項として，ギリシア語や，スラヴ語派などでは特に重要なアスペクト（Aspekt →1.1.4./4.1.4.）の問題がある．
　ゲルマン語派の特徴の一つであるが，Jacob Grimm の言う強変化動詞が本来的で弱変化動詞はそれから派生したという関係にある対のものを例示する．

独	sitzen	saß	gesessen	>	setzen	setzte	gesetzt
	坐〔ってい〕る				すえる．おく		
英	sit	sat	sat	>	set	set	set

— 12 —

4.1. 動詞の機能，文構成との関わり

独	liegen 横たわ〔ってい〕る	lag	gelegen	>	legen 横たえる	legte	gelegt
英	lie	lay	lain	>	lay	laid	laid

ただし，今ではそのような経緯がうやむやになって，強変化の自動詞，弱変化の他動詞の語形が乱雑に用いられている例もある．

 hängen[hangen] ぶら下がっている ― hing ― gehangen
  (hängen ― hängte ― gehängt は派生した弱変化他動詞で，もとの自動詞は hangen である．)

弱変化動詞のすべてが規則動詞というわけではない．Jacob Grimm は語幹内部の母音交替 (Ablaut) によって時称変化をすることを動詞の強変化とし，それに対し，歯音接尾辞 (Dentalsuffix [英語の -ed，ドイツ語の -te 等]) の助けを借りて時称変化することを弱変化と言ったのであって，動詞の中には強変化から弱変化方式に変わったものが少なくないが，speien〈唾を吐く〉のように弱変化でも用いられていたものが強変化で定着したものもある．

 その歯音接尾辞（独 -te，英 -ed）により弱変化をする動詞の中にも，ドイツ語では規則動詞といえるが英語では不規則になっているものがある．

独	machen 作る，する	―	machte	―	gemacht
英	make	―	made	―	made
独	sagen 言う	―	sagte	―	gesagt
英	say	―	said	―	said
独	legen 寝かす，横たえる	―	legte	―	gelegt
英	lay	―	laid	―	laid
独	setzen 置く，据える	―	setzte	―	gesetzt
英	set	―	set	―	set

(haben は弱変化動詞の中でも，ウムラウトをおこす，語幹の脱落があるなど不規則になった面がある．)

独	haben 持っている	―	hatte （接続法 hätte）	―	gehabt
英	have	―	had	―	had

kennen, rennen, nennen 他

不定詞	過去基本形	過去分詞
hören	hörte	gehört
kommen	kam	gekommen

動　詞

動詞の三基本形（→1.2.15．および第1巻末尾の変化表も参照）

ⅰ．不定詞	ⅱ．直説法過去形	ⅲ．過去分詞（完了分詞）	
hören（聞く）	hörte	gehört	規則動詞／弱変化
arbeiten（働く）	arbeitete	gearbeitet	
studieren（研究する）	studierte	studiert	
kennen（知る）	kannte	gekannt	混合変化（いわゆる）
(nennen 名づける, rennen 駆ける, brennen 燃える)			
senden（送る） →	sendete	gesendet〔規則的〕	
(wenden 回す) →	sandte	gesandt	
denken（考える）	dachte	gedacht	
(bringen もたらす, dünken 思われる)			
haben（持っている）	hatte	gehabt	
binden（結ぶ）	band	gebunden	異母音（おのおの）／強変化
schwimmen（泳ぐ）	schwamm	geschwommen	
nehmen（取る）	nahm	genommen	同母音（ⅰとⅲが）
geben（与える）	gab	gegeben	
kommen（来る）	kam	gekommen	
lassen（させる）	ließ	gelassen	
fliegen（飛ぶ）	flog	geflogen	同母音（ⅱとⅲが）
treiben（駆りたてる）	trieb	getrieben	
schneiden（切る）	schnitt	geschnitten	
werden（成る）	wurde	[ge]worden〔おのおの異母音〕	
gehen（行く）	ging	gegangen	特殊の動詞
stehen（立っている）	stand	gestanden	
tun（する）	tat	getan	
wissen（知っている）	wußte	gewußt	
(話法の助動詞 dürfen, können, mögen, müssen, sollen, [wollen])			
sein（ある）	war	gewesen	

[複合動詞]（→1.2.15.4）　（→1.2.25）　（→4.5.1）
ge′fallen	（気に入る）	gefiel	gefallen
er′kennen	（認める）	erkannte	erkannt
′ausmachen	（解決する）	machte aus	ausgemacht
′übersetzen	（渡す）	setzte über	übergesetzt
über′setzen	（飜訳する）	übersetzte	übersetzt
′vorenthalten	（保留する）	enthielt vor	vorenthalten

be-, emp-, ent-, er-, ge-, ver-, zer- (miß-) その他アクセントのない前綴をもつ複合動詞，および後綴-ieren, -eien のつく外来動詞は過去分詞に ge- を追加しない．

　現代ドイツ語では不定詞，過去基本形（単数の ich/er に対応する定動詞の形と思ってよい），過去分詞の三つを三基本形といって，動詞の種々の変化にかかわる基礎としている．英文法で不規則動詞変化形の一覧表に

　　hear　　　　　heard　　　　　　heard

— 14 —

4.1. 動詞の機能，文構成との関わり

come　　　　　came　　　　　come

などのように現在，過去，過去分詞の形が載っているのも同様の趣旨である．

不定詞の語幹からは，たとえば sein のような特殊の動詞(→第1巻221ページ)を除いて直説法，接続法，命令法の現在形に類する語形がつくられる．kommen(来る)という動詞を例にとれば次の如くである(敬称の Sie は最後の複数形 sie を流用する)．

直説法現在形	komme	kommst	kommt
	kommen	kommt	kommen
接続法現在形 (I式現在)	komme	kommest	komme
	kommen	kommt	kommen
命令法現在形		komm	
		kommt	kommen Sie

(その他，不定詞には werden の諸形と結んで未来形をつくるのにも用いられる．)

過去基本形からは直説法，接続法の過去形に類する語形がつくられる．

直説法過去形	kam	kamst	kam
	kamen	kamt	kamen
接続法過去形 (II式現在)	käme	kämest	käme
	kämen	kämet	kämen

過去分詞は元来，動詞から出た形容詞なのであるが(その点は現在分詞も同様)，助動詞と組んで完了(→4.2.4.)や受動(→4.4.2.)の諸複合形がつくられる．

直説法現在完了形	bin	bist	ist	.....	gekommen
接続法現在完了形 (I式過去)	sei	sei[e]st	sei	.....	gekommen
命令法現在完了形		sei		.....	gekommen

(特殊の表現で，使用は稀である→4.3.3.[1])

(1) 三基本形の注意

現代ドイツ語では，一定の条件により除外されるもの以外，過去分詞(完了分詞)に原則として接頭辞 ge- をつけるが，昔は移動や状態の変化にかかわる非継続態(完了態)の動詞にまで ge- を多用することはなかった．今でも受動の助動詞としての werden (本来「～になる，生ずる」という動詞)には過

— 15 —

去分詞に ge- をつけず，ただの worden のまま用いている．
　接頭辞 ge- には，たとえば名詞について集合的意味を表したり，動詞について完了，決着の意味を強めるなどさまざまの機能があるのだが(ge-bären[英 bear])，過去分詞に原則的に ge- をつけるようになったのも同様に完了の意味の明示のためである．

　　　kommen 来る ― kam ― gekommen
　　　sehen 見る ― sah ― gesehen
　　　sagen 言う ― sagte ― gesagt
　　　stehen 立っている ― stand ― gestanden

（２）　過去分詞の前に **ge-** を追加しない動詞

　動作態様の面で持続的でなく，完了的な行為を表す動詞には，gewinnen（獲得する）［英 win］，gefallen（気に入る），geschehen（生じる・おこる）や上記 gebären のように，不定詞の状態ですでに ge- のついたものもあるが，いわゆる複合動詞（→4.5.1.）のうち，アクセントの弱い前綴 be-, ent- / emp-, er-, ge-, ver-, zer-, (miß-), durch- / hinter- / über- / um- / unter- / voll- / wider- / wieder- でアクセントが置かれないものなどのついた動詞の場合は過去分詞に ge- をつけない．

　主として外来語で，-ieren, -eien がつき，語末にアクセントのある動詞も過去分詞に ge- をつけない．

　　　studieren 学問する ― studierte ― studiert
　　　absolvieren 卒業する ― absolvierte ― absolviert
　　　absorbieren 吸収・合併する ― absorbierte ― absorbiert
　　　analysieren 分析する ― analysierte ― analysiert
　　　informieren 情報を与える ― informierte ― informiert
　　　buchstabieren 1字ずつ読む ― buchstabierte ― buchstabiert
　　　(Buchstabe という本来的ドイツ語の名詞から来たものであるが同様に用いられる)
　　　-eien による外来動詞として用いられるのは下記のものくらいである．
　　　konterfeien 肖像を描く・模写する ― konterfeite ― konterfeit
　　　maledeien のろう ― maledeite ― maledeit
　　　(vermaledeien＞vermaledeit 呪われた／いまいましい)
　　　prophezeien 予言・予告する ― prophezeite ― prophezeit

4.1. 動詞の機能，文構成との関わり

benedeien（祝福する・たたえる）は ge- をつけることもある：
 benedeien 祝福する・たたえる ― benedeite ― [ge]benedeit
特に名詞化の場合は ge- をつけて用いられる：
 die Gebenedeite / die [ge]benedeite Jungfer 聖母マリア．
 ただし，ge- の取捨については慣用的な面もあり，doppeln（二倍，二重にする）などは，三基本形の過去分詞としては gedoppelt であるが，形容詞・副詞として用いるときは doppelt である．
 その他，posaunen（トロンボーンを吹きならす），trompeten（トランペットを吹く）など，一般に他の動詞も含め，アクセントが語頭にあるか無いかによって ge- の取捨は左右されがちである．

（3）三基本形
 現代英語の学校文法でよく「活用」といって教えられている
come 来る	came	come
hear 聞く	heard	heard
love 愛している	loved	loved

などに当るものは，ドイツ文法では動詞変化の「三基本形」という．
kommen 来る	kam	gekommen
hören 聞く	hörte	gehört
lieben 愛している	liebte	geliebt

「活用（動詞変化 Konjugation）」というのは，人称・数・時称・法・態に応じた動詞の形態上の変化全体のことであって，そのうち現在形や過去形のようにそれぞれの動詞一語の語形変化で表せるものを総合的変化といい，それに対して，完了形や未来形，受動形のように，助動詞と不定詞，過去分詞などの結合によって作り出された複合的語法を分析的変化という．そして，これら不定詞・過去[基本]形・過去分詞を三基本形というのは，それが接続法や命令法まで含めた単一的，複合的諸変化形態をつくりだす基礎となるものだからである．
 「時称」の面では，ドイツ語の属するゲルマン語派の言語には，英語も含めて元来，**現在形 Präsens** に当る変化方式と**過去形 Präteritum** に当る変化方式の二種類しかなく（→4.1.3.2. [2]），「完了」も「未来」も助動詞に過去分詞や不定詞（英文法でいう原形）を配した複合形式によって（つまり分析的方法で）表現される．ドイツ語でいえば，単一の語形変化

動　　詞

現在形　　　er kommt　　彼は来る
　　　　　　er hört　　彼は聞く
過去形　　　er kam　　彼は来た
　　　　　　er hörte　　彼は聞いた

に対し，完了の助動詞 sein や haben，未来の助動詞 werden を用いて

現在完了形　er ist gekommen　　来ている
　　　　　　er hat gehört　　聞い[てしまっ]た
過去完了形　er war gekommen　　来ていた
　　　　　　er hatte gehört　　聞い[てしまってい]た
未来形　　　er wird kommen　　来るだろう
　　　　　　er wird hören　　聞くだろう
未来完了形　er wird gekommen sein　　来ているだろう
　　　　　　er wird gehört haben　　聞い[てしまっ]ただろう

などのいわゆる複合時称形が作られ，そしてその場合に，不定詞や過去分詞が共演成分としてはたらくのである．

　動詞の「法／話法 Modus」の面で，「**命令法（Imperativ** →4.3.3.）」では普通現在時ないし未来時に向けて，komm（来い），hör[e]（聞け）など4.1.3.2.(3)b. 現在形のタイプのみが用いられるが，これにも「〜しておけ；〜してしまえ」という意味の完了形，つまり形式的に同じ語で例をそろえるならば

　　sei gekommen　　来ておれ
　　habe gehört　　聞いてしまえ，聞いておけ

のような複合形式が完了の強調のために用いられる（→同所 d 表）．

　受動の命令の場合は，通常，いわゆる動作受動の普通の助動詞 werden よりもむしろ，sein を助動詞とする状態受動の方がよく用いられる．

　　sei　gegrüßt！；　seid　gegrüßt！　（ようこそ）

　接続法（Konjunktiv）でも種々の形式の構成に三基本形がそれぞれ応用される．ただ，現代ドイツ語の接続法の用法は，意味的に古語とのずれが甚だしくなり，直説法のそれぞれに当る形式と，その時間的意味とのずれには注意しなければならないが（→4.3.2.[2]），たとえば直説法過去形の kam からいわゆる接続法 I 式現在 käme が導き出されるなど，やはり三基本形がその大元に控えているわけである．

— 18 —

4.1. 動詞の機能，文構成との関わり

なお，古語では，たとえば中高ドイツ語の時代までは，強変化動詞の大半が過去形の単数と複数でも異なる母音をとっていたし(いわゆる Ablaut)，また直説法単数現在でも今の変化法と異なる事情があったので，今のように三基本形でなく，全体として五つの基本形を掲げる習慣であることをつけ加えておく．

（4） 作為動詞（**Kausativ[um]/Faktitiv[um]**）
　　sitzen（坐っている）＞ setzen（据える，置く）
　　liegen（横たわっている，寝ている）＞ legen（横たえる，寝かす）
のように，或る状態ないし行為を表す動詞から，使役的にその行為をひきおこす表現のために造られた動詞を Kausativ〔作為動詞〕という．
　Faktitiv という名で呼ばれることもあるが，この名称は
　　hoch（高い）　　erhöhen（高める）
　　tief（深い）　　vertiefen（深める）
などのように形容詞から派生した動詞に対しても用いられることがあるので，動詞から造られた「作為動詞」としては前記 Kausativ という術語に限定した方がよいと思われる．
　sitzen—setzen, liegen—legen, fallen（落ちる，倒れる）—fällen（倒す）などは，同語根に基づく自動詞—他動詞の関係であるが，中には saugen（〔乳を〕吸う）＞säugen（授乳する），trinken（飲む）—tränken（飲ませる）のように，他動詞同士の間で同様の関係が認められることもある．
　また，語源的関連には問題があるが，stehen（立っている）＞stellen（立てる）などの間にも同様の文法的関係がある．
　一般的にいって，作為動詞は弱変化になり，これは英語でも同様であるが，set（＜sit），lay（＜lie）などのように，弱変化でも不規則に語形がくずれたものもある．

（5） 強変化動詞の三基本形の分類
　強変化動詞の母音交替 Ablaut に関しては，essen 食る—āß, brechen 破れる—brāch, erschrecken 驚く—erschrāk のように音声の変動の他にその長・短も問題になり，以下の分類においても長・短の区別の行われているものがあるが，歴史的，地域的事情もあって，慣例としてあまり厳密に表記上区別しない部類もある：stecken—stāk, saufen—soff, treffen—trāf に対し，上記 brechen—brāch, sprechen—sprāch, stechen—stāch 等．第1巻Ⅲ部213

　　　　　　　　　　　　動　詞

ページ以下にも分類，列挙してあるので，参考のため当該部類別の箇所を（→
1　Ⅲ．……）の形で指示しておく．
1．ei―ie―ie（→1　Ⅲ．表42）
　　　bleiben 留まる　　　　　　blieb　　　　　　　geblieben
　　　schreiben 書く　　　　　　schrieb　　　　　　geschrieben
　　この種の変化をする動詞
　　　gedeihen 栄える　　leihen 貸す　　　meiden 避ける　　preisen 誉める
　　　reiben こする　　　reihen 仮縫する　scheiden 分ける　scheinen 輝く
　　　schreien 叫ぶ　　　schweigen 黙る　speien つばを吐く　steigen 登る
　　　treiben 追い立てる　weisen 指し示す　zeihen 咎める
2．ei―i―i（→1　Ⅲ．表43）子音の変質，表記等に注意．たとえば次の
　schneiden の場合，[d―t]の異同がある．tt は前の母音 i が短音であること
　の表記である．
　　　greifen つかむ　　　　　　griff　　　　　　　gegriffen
　　　schneiden 切る　　　　　　schnitt　　　　　　geschnitten
　　この種の変化をする動詞
　　　befleißen 努める　　beißen 噛む　　　bleichen 色褪せる　gleichen 似ている
　　　gleißen 輝く　　　　gleiten 滑る　　　keifen 大声で罵る　kneifen つねる
　　　kneipen つねる　　　kreischen 金切り　leiden 苦しむ　　　pfeifen 笛を吹く
　　　　　　　　　　　　　声を上げる
　　　reißen 引き裂く　　reiten 馬に乗る　scheißen 糞をする　schleichen 忍び歩く
　　　schleifen 研ぐ　　　schleißen 毟り取る　schmeißen 放り投げる　schreiten 歩く
　　　spleißen 割る　　　streichen 撫でる　streiten 争う　　　weichen よける
3．ie―o―o（o が長音 ō の場合→1　Ⅲ．表44）
　　　fliegen 飛ぶ　　　　　　　fl　　　　　　　　　geflogen
　　　verlieren 失う　　　　　　verlor　　　　　　　verloren
　　この種の変化をする動詞
　　　biegen 曲げる　　　bieten 提供する　fliehen 逃げる　　frieren 凍る
　　　kiesen 選ぶ　　　　klieben 割る　　　schieben 押す　　schnieben 鼻息を
　　　（＞küren）　　　　　　　　　　　　　　　　　　　　　　　立てる
　　　stieben 飛び散る　　wiegen はかる　　ziehen 引く　　　küren 選ぶ
　　　（lügen 嘘をつく　　trügen 騙す　　　saugen 吸う　　　saufen がぶ飲みする）
4．ie―o―o（o が短音の場合）子音の表記や変質に注意（→1　Ⅲ．表45）
　　　fließen 留まる　　　　　　floss　　　　　　　geflossen

4.1. 動詞の機能，文構成との関わり

 schließen 閉じる schloss   geschlossen
この種の変化をする動詞
 genießen 楽しむ gießen 注ぐ kriechen 這う riechen 臭う
 schießen 射つ schliefen さっと入る sieden 沸騰する sprießen 芽を吹く
 triefen 滴り落ちる verdrießen 不愉快にする
 （klimmen よじ登る―klomm―geklommen
  glimmen 微かに光る―glomm―geglommen
 も今日の変化からすればこの部類の特例のように見える）

5．i―a―u（→1 Ⅲ．表46）
 binden 結ぶ   band   gebunden
 trinken 飲む   trank   getrunken
この種の変化をする動詞
 dingen やとう dringen つき進む empfinden 感じる finden 見出す
 gelingen 成功する klingen 鳴り響く mißlingen 失敗する ringen 格闘する
 schinden 虐待する schlingen 巻き付ける schwinden 消える schwingen 揺れる
 singen 歌う sinken 沈む springen 跳ねる stinken 悪臭を放つ
 winden 巻く wringen 絞る zwingen 強いる
 （schinden 皮をはぐ―schund―geschunden
  schrinden ひびが入る―schrund―geschrunden）

6．i―a―o（→1 Ⅲ．表47）
 beginnen 始める begann   begonnen
 schwimmen 泳ぐ schwamm geschwommen
この種の変化をする動詞
 gewinnen 獲得する rinnen 流れる sinnen 思案する spinnen 紡ぐ

7．e―a―o（→1 Ⅲ．表48）
 sprechen 話す   sprach   gesprochen
 treffen 当たる   traf   getroffen
この種の変化をする動詞
 befehlen 命ずる bergen 隠す bersten 割れる brechen 破れる
 empfehlen 勧める erschrecken 驚く gelten 通用する helfen 助ける
 nehmen 取る schelten 叱る stechen 刺す stecken ささっている
 stehlen ぬすむ sterben 死ぬ verderben 駄目になる werben 募集する
 werden なる werfen 投げる
 （kommen〔古 quemen〕来る―kam―gekommen

動　詞

　　　rächen 復讐する―rach―gerochen
　　　gebären 生む―gebar―geboren）

8．e―o―o（→ 1　Ⅲ．表49）
　　　flechten 編む　　　　　flocht　　　　　　geflochten
　　　heben 持ち上げる　　　hob　　　　　　　gehoben
　この種の変化をする動詞
　　　bewegen 動かす　　dreschen 脱穀する　fechten 戦う　　　pflegen 行う
　　　quellen 湧き出る　scheren 刈る　　　　schmelzen 溶ける　schwellen 腫れる
　　　(schwären 膿む　 gären 発酵する　　　wägen 熟考する　　löschen 消える)

9．e(i)―a―e（→ 1　Ⅲ．表50）
　　　geben 与える　　　　　gab　　　　　　　gegeben
　　　sehen 見る　　　　　　sah　　　　　　　gesehen
　この種の変化をする動詞
　　　essen 食べる　　fressen 喰らう　　genesen 治る　　geschehen 起こる
　　　lesen 読む　　　messen 計る　　　treten 歩む　　vergessen 忘れる
　　　(bitten 願う―bat―gebeten
　　　 sitzen 座っている―saß―gesessen
　　　 liegen 横たわっている―lag―gelegen
　　　 wesen[= sein] ある―war[古 was]―gewesen)

10．a―u―a（→ 1　Ⅲ．表51）
　　　fahren 行く　　　　　　fuhr　　　　　　　gefahren
　　　schlagen 打つ　　　　　schlug　　　　　　geschlagen
　この種の変化をする動詞
　　　(backen [パンを焼く]　graben 掘る　　laden 積む　schaffen 創造する
　　　 tragen 運ぶ　　　　　wachsen 成長する　waschen 洗う

11．a　　　　a（→ 1　Ⅲ．表51）
　　　au　　　au
　　　ei　｝―ie―｛ei
　　　o　　　　o
　　　u　　　　u

　　　4世紀の文献のある別系統の古いゲルマン語で，すでに死滅したゴート語では反復動詞（reduplizierende Verba）といって，語頭の部分を重ねて過去形を作っていた動詞の部類である。ドイツ語にはそれほど古い文献は

4.1. 動詞の機能，文構成との関わり

なく，強変化動詞の一種とされる．現代ドイツ語では過去形の幹母音が全て ie であり，また不定詞と過去分詞はおなじ幹母音をとるというのが特徴である．

 fallen 落ちる   fiel   gefallen
 hauen 打つ   hieb   gehauen
 heißen 称する   hieß   geheißen
 stoßen 突く   stieß   gestoßen
 rufen 呼ぶ   rief   gerufen

この種の変化をする動詞

 blasen 吹く   braten 焼く   halten 保つ   lassen させる
 laufen 走る   raten 忠告する   schlafen 眠る

変種 [fangen 捕える—fing—gefangen
   hangen 掛かっている [現 hängen]—hing—gehangen]

（注）強変化動詞，弱変化動詞その他から出来たいわゆる複合動詞もまた，原則としてそれぞれ元の動詞と同じ変化法による．ただし過去分詞の ge- の取り方には異同がある（→4.5.1.）．

 versprechen 約束する   versprach   versprochen （→4.5.1.2.）
 （sprechen 話す   sprach   gesprochen）
 einschlafen 眠り込む   schlief ein   eingeschlafen （→4.5.1.3.）
 （schlafen 眠る   schlief   geschlafen）

母音交替だけでなく，文法変化にともなって子音にも変異を来たすものがある（文法的交替 grammatischer Wechsel →1.1.4.）

 ziehen 引く   zo**g**   gezo**g**en
 sieden 煮え立つ   so**tt**   geso**tt**en
 sitzen 座っている   sa**ß**   ges**ess**en
 hauen 切る，打つ   hie**b**   gehauen
 kiesen (küren) 選ぶ   ko**r**   geko**r**en

（ただし essen の過去分詞 gegessen が二つ目の余計な g を示すのは，ge-essen＞gessen というなまりを補正するために，更に ge- をかぶせた結果であり，接頭辞の問題で，文法変化にともなう動詞本体の子音の変異とは無関係である．）

4.1.3.2. 動詞変化のまとめ
（1） 現代ドイツ語文法変化の概念図（→ 1.1.1.3.）

 動詞変化 は人称・数・時称・法・態が基礎になる。
全ての動詞がみなこれら五つの規定要素による全変化に応じうるわけではない．枠でかこまれたものは助動詞を用いて表現されるが，その助動詞にはやはり下表枠外の本来の語形変化しかありえない．

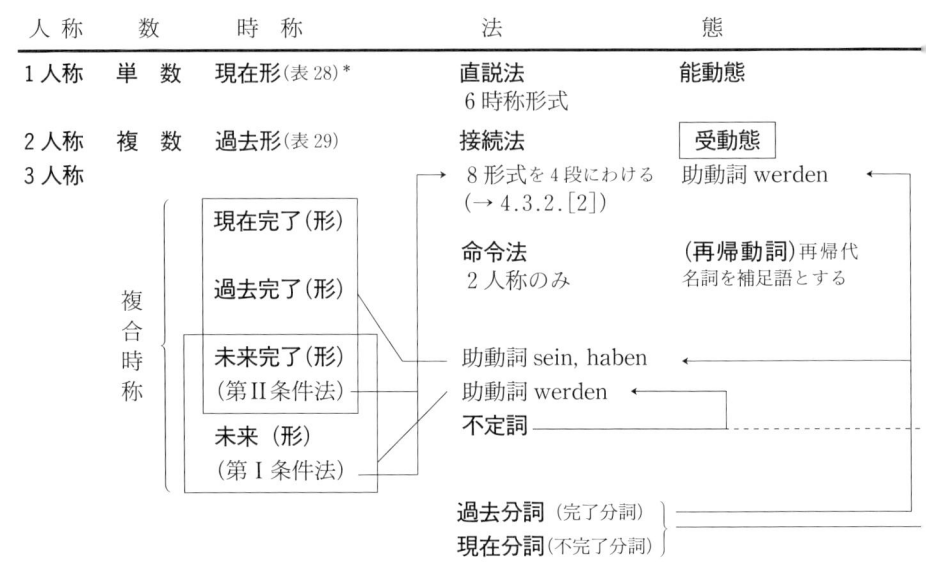

人称	数	時称	法	態
1人称	単数	現在形(表28)*	直説法 6時称形式	能動態
2人称 3人称	複数	過去形(表29)	接続法 8形式を4段にわける (→ 4.3.2.[2])	受動態 助動詞 werden
		現在完了(形) 過去完了(形)	命令法 2人称のみ	(再帰動詞)再帰代名詞を補足語とする
	複合時称	未来完了(形) (第Ⅱ条件法) 未来(形) (第Ⅰ条件法)	助動詞 sein, haben 助動詞 werden 不定詞	
			過去分詞(完了分詞) 現在分詞(不完了分詞)	

(注意)
1) 複合動詞　分離・非分離による活用方式の異同．
2) 非人称動詞　3人称単数のみ．
3) 話法の助動詞(特殊の変化)
　　およびそれに似た用法のもの ｝過去分詞のはたらきをする〔不定詞〕

 不変化詞 　副詞，前置詞，接続詞，間投詞（間投詞は文の構成要素ではないので，前三者の不変化詞とは区別することがある）．副詞には比較[変化]をするものがあるが，性・数・格の語形変化とは別の現象で，造語法に類するものである．
変化詞の中でも基数詞は ein 以外は変化しない（zwei, drei は時たま変化することがある）．＊第1巻第Ⅲ部の表28を指す．本図表および26～29ページの指示も同じ．

4.1. 動詞の機能，文構成との関わり

名詞的品詞の変化 では性・数・格が基礎になる。
性または数が語形の上で区別されず，一つの形で包括的に表わされることもあり，別にまた，人称の問題をあわせ考えるべきものもある．

性	数	格	(人称)
男　性	単　数	1格(主格)	1人称
女　性	複　数	2格(属格)	2人称
中　性		3格(与格)	3人称
		4格(対格)	

→ 名　　詞　　　　原則として性は各語できまっている．一部接尾辞の付加
　　　　　　　　　による性と変化方式の変動．

人称代名詞　　　　再帰代名詞　　　　　　所有代名詞
不定代名詞　　　　　　　　　　　　　　　不定冠詞
指示代名詞――――――関係代名詞　　　　定冠詞
疑問代名詞――――┘　　　　　　　　　　数詞

→ 形　容　詞――┐
　　　　　　　　├― **比較〔変化〕**
→ 〔副　詞〕――┘　　多くの形容詞は**原級**から**比較級**，**最上級**をつくる．
　　　　　　　　　　　本来の副詞のうちごく少数が比較変化をする．

強・弱・混合変化：
名　　詞　変化は原則として各語できまっている．
形　容　詞　各語いずれも条件によって強・弱・混合変化する．
動　　詞　原則として各語で変化はきまっているが，一部，強・弱両様に変化する
　　　　　ものがある．動詞の混合変化というこの名称は内容的に種々問題がある．

動　詞

(2)　動詞単独形の変化

a.　直説法**現在形**（→1.2.16.）・接続法Ⅰ式現在（→1.2.20.1.）・**命令法**（表28）

			聞く	さすらう	名づける	もたらす	来る	見る
不定詞 (1.2.27.)			hören	wandern	nennen	bringen	kommen	sehen
過去分詞（完了分詞）			gehört	gewandert	genannt	gebracht	gekommen	gesehen
現在分詞（不完了分詞）			hörend	wandernd	nennend	bringend	kommend	sehend

現在形	直説法	ich	—	e	höre	wand[e]re	nenne	bringe	komme	sehe
		du	—	[e]st	hörst	wanderst	nennst	bringst	kommst	siehst
		er, sie, es	—	[e]t	hört	wandert	nennt	bringt	kommt	sieht
		wir	—	[e]n	hören	wandern	nennen	bringen	kommen	sehen
		ihr	—	[e]t	hört	wandert	nennt	bringt	kommt	seht
		sie(Sie)	—	[e]n	hören	wandern	nennen	bringen	kommen	sehen
	接続法（Ⅰ式現在）	ich	—	e	höre	wandere	nenne	bringe	komme	sehe
		du	—	est	hörest	wanderest	nennest	bringest	kommest	sehest
		er, sie, es	—	e	höre	wandere	nenne	bringe	komme	sehe
		wir	—	en	hören	wander[e]n	nennen	bringen	kommen	sehen
		ihr	—	et	höret	wanderet	nennet	bringet	kommet	sehet
		sie(Sie)	—	en	hören	wander[e]n	nennen	bringen	kommen	sehen
	命令法	(du)	—	[e]	höre	wand[e]re	nenne	bringe	komm	sieh[e]
		(ihr)	—	[e]t	hört	wandert	nennt	bringt	kommt	seht

b.　直説法**過去形**（→1.2.17.）・接続法Ⅱ式現在（→1.2.20.2.）（表29）

過去形	直説法	ich	—		hörte	wanderte	nannte	brachte	kam	sah
		du	—	[e]st	hörtest	wandertest	nanntest	brachtest	kamst	sahst
		er, sie, es	—		hörte	wanderte	nannte	brachte	kam	sah
		wir	—	[e]n	hörten	wanderten	nannten	brachten	kamen	sahen
		ihr	—	[e]t	hörtet	wandertet	nanntet	brachtet	kamt	saht
		sie(Sie)	—	[e]n	hörten	wanderten	nannten	brachten	kamen	sahen
	接続法（Ⅱ式現在）	ich	(¨)	e	hörte	wanderte	nennte	brächte	käme	sähe
		du	(¨)	est	hörtest	wandertest	nenntest	brächtest	kämest	sähest
		er, sie, es	(¨)	e	hörte	wanderte	nennte	brächte	käme	sähe
		wir	(¨)	en	hörten	wanderten	nennten	brächten	kämen	sähen
		ihr	(¨)	et	hörtet	wandertet	nenntet	brächtet	kämet	sähet
		sie(Sie)	(¨)	en	hörten	wanderten	nennten	brächten	kämen	sähen

弱変化過去の接尾辞 te をとるものは，それぞれ点線以下を人称語尾としておく．

◇　規則動詞（1.2.15.1.）の過去形は直説法（→1.2.17.1.）・接続法（→1.2.20.2.［Ⅱ式現在］）とも同形である．

4.1. 動詞の機能，文構成との関わり

		複合時称の助動詞（→1.2.18.） 受動の助動詞			過去現在動詞（表→56）の 直・現・語尾は強変化動詞 の直・過・語尾である。		
取る	する	成る	持っている	ある	好む・願望等		知っている
nehmen	tun	werden	haben	sein	mögen		wissen
genommen	getan	[ge]worden	gehabt	gewesen	gemocht		gewußt
nehmend	tuend	werdend	habend	seiend	……		wissend
nehme	tue	werde	habe	bin	―	mag	weiß
nimmst	tust	wirst	hast	bist	―st	magst	weißt
nimmt	tut	wird	hat	ist	―	mag	weiß
nehmen	tun	werden	haben	sind	―en	mögen	wissen
nehmt	tut	werdet	habt	seid	―t	mögt	wißt
nehmen	tun	werden	haben	sind	―en	mögen	wissen
nehme	tue	werde	habe	sei		möge	wisse
nehmest	tuest	werdest	habest	sei[e]st		mögest	wissest
nehme	tue	werde	habe	sei		möge	wisse
nehmen	tuen	werden	haben	seien		mögen	wissen
nehmet	tuet	werdet	habet	seiet		möget	wisset
nehmen	tuen	werden	haben	seien		mögen	wissen
nimm	tu[e]	werde	hab[e]	sei	………		wisse
nehmt	tut	werdet	habt	seid	………		wißt

古形単数 ward しかない　　　　　wollen 以外の話法の助動詞には命令法なし

nahm	tat	wurde	hatte	war	mochte	wußte
nahmst	tatest	wurdest	hattest	warst	mochtest	wußtest
nahm	tat	wurde	hatte	war	mochte	wußte
nahmen	taten	wurden	hatten	waren	mochten	wußten
nahmt	tatet	wurdet	hattet	wart	mochtet	wußtet
nahmen	taten	wurden	hatten	waren	mochten	wußten
nähme	täte	würde	hätte	wäre	möchte	wüßte
nähmest	tätest	würdest	hättest	wärest	möchtest	wüßtest
nähme	täte	würde	hätte	wäre	möchte	wüßte
nähmen	täten	würden	hätten	wären	möchten	wüßten
nähmet	tätet	würdet	hättet	wäret	möchtet	wüßtet
nähmen	täten	würden	hätten	wären	möchten	wüßten

◇　直説法現在変化(→1.2.16.)，→直説法過去変化(→1.2.17.)，→話法の助動詞(→1.2.21.)，接続法(→1.2.20.)，→命令法(→1.2.22.)

動　詞

（3）　能動態変化のまとめ

a. **不定詞・分詞**　強変化，sein 支配の例　　　　弱変化，haben 支配の例（表 30）

	強変化	弱変化
不　定　詞	(zu) kommen 来る	(zu) hören 聞く
過去不定詞（完了不定詞）	gekommen (zu) sein	gehört (zu) haben
過去分詞（完了分詞）	gekommen	gehört
現在分詞（不完了分詞）	kommend	hörend

b. **現在形**　　直説法　／接続法　／命令法　　　　直説法　／接続法　／命令法（表31）

現在形		Ⅰ式現在			Ⅰ式現在		
	ich	komme	/ komme		höre	/ höre	
	du	kommst	/ kommest	/ komm [du] !	hörst	/ hörest	/ hör [du] !
	er, sie, es	kommt	/ komme		hört	/ höre	
	wir	kommen	/ kommen		hören	/ hören	
	ihr	kommt	/ kommet	/ kommt [ihr] !	hört	/ höret	/ hört [ihr] !
	sie (Sie)	kommen	/ kommen	/ (kommen Sie) !	hören	/ hören	/ (hören Sie !)

c. **過去形・Ⅱ式現在**（表 32）

過去形		Ⅱ式現在		Ⅱ式現在	
	ich	kam	/ käme	hörte	/ hörte
	du	kamst	/ kämest	hörtest	/ hörtest
	er, sie, es	kam	/ käme	hörte	/ hörte
	wir	kamen	/ kämen	hörten	/ hörten
	ihr	kamt	/ kämet	hörtet	/ hörtet
	sie (Sie)	kamen	/ kämen	hörten	/ hörten

d. **現在完了形**（表 33）

現在完了形		Ⅰ式過去			Ⅰ式過去		
	ich	bin	/ sei gekommen		habe	/ habe gehört	
	du	bist	/ seiest ………	/ sei gekommen !	hast	/ habest ……	/ habe gehört !
	er, sie, es	ist	/ sei ………		hat	/ habe ……	
	wir	sind	/ seien ………		haben	/ haben	
	ihr	seid	/ seiet ………	/ seid gekommen !	habt	/ habet ……	/ habt gehört !
	sie (Sie)	sind	/ seien ………	/ (seien Sie gek. !)	haben	/ haben ……	/ (haben Sie geh. !)

e. **過去完了形**（表 34）

過去完了形		Ⅱ式過去		Ⅱ式過去	
	ich	war	/ wäre gekommen	hatte	/ hätte gehört
	du	warst	/ wärest ………	hattest	/ hättest ……
	er, sie, es	war	/ wäre	hatte	/ hätte
	wir	waren	/ wären ………	hatten	/ hätten ……
	ihr	wart	/ wäret	hattet	/ hättet
	sie (Sie)	waren	/ wären ………	hatten	/ hätten ……

4.1. 動詞の機能，文構成との関わり

f. 未来形

	直説法	/接続法		直説法	/接続法 （表35）	
		I式未来			I式未来	
未来形	ich	werde	/ werde	kommen	werde	/ werde	hören
	du	wirst	/ werdest	……	wirst	/ werdest	……
	er, sie, es	wird	/ werde	……	wird	/ werde	……
	wir	werden	/ werden	……	werden	/ werden	……
	ihr	werdet	/ werdet	……	werdet	/ werdet	……
	sie (Sie)	werden	/ werden	……	werden	/ werden	……

g. 未来完了形 （表36）

		I式未来完了			I式未来完了	
未来完了形	ich	werde	/ werde	gekommen sein	werde	/ werde	gehört haben
	du	wirst	/ werdest	………… ……	wirst	/ werdest	………… ……
	er, sie, es	wird	/ werde	………… ……	wird	/ werde	………… ……
	wir	werden	/ werden	………… ……	werden	/ werden	………… ……
	ihr	werdet	/ werdet	………… ……	werdet	/ werdet	………… ……
	sie (Sie)	werden	/ werden	………… ……	werden	/ werden	………… ……

h. 第I条件法（würde＋不定詞）（表37）

		II式未来			II式未来	
第一条件法	ich	würde	kommen		würde	hören	
	du	würdest	……		würdest	……	
	er, sie, es	würde	……		würde	……	
	wir	würden	……		würden	……	
	ihr	würdet	……		würdet	……	
	sie (Sie)	würden	……		würden	……	

i. 第II条件法（würde＋過去不定詞）（表38）

		II式未来完了			II式未来完了	
第二条件法	ich	würde	gekommen sein		würde	gehört haben	
	du	würdest	………… ……		würdest	………… ……	
	er, sie, es	würde	………… ……		würde	………… ……	
	wir	würden	………… ……		würden	………… ……	
	ihr	würdet	………… ……		würdet	………… ……	
	sie (Sie)	würden	………… ……		würden	………… ……	

a) 完了の助動詞に sein をとるのは，自動詞のうち，おおむね場所の移動と状態の変化を表わすもの，および bleiben, sein などである．その他は自動詞も他動詞も haben をとる．

b) 文法上の時称形（Tempus）と実際上の時（Zeit），言いかえれば，伝統的名称と個々の事例の時間的意味は一致しないことが多い．特に接続法の各形式と実際上の時間関係については1.2.20.4.参照のこと．

j. 助動詞による拡張パターン （文法的説明がまちまちである）（表39）

Jetzt *wird* er schon gestorben sein. 今はもう彼は死んでしまっているだろう（sterben の未来完了形）
……(kann)……かも知れない ＼
……(muß)……にちがいない ／ ＜話法の助動詞の現在形＋過去不定詞＞と説明される．

Damals *wird* er schon gestorben gewesen sein. 当時彼はもう死んでしまっていただろう（この形式には名称がない）

動　詞

4.1.4.　動詞の語源，造語法，分離・非分離，動作態様，アスペクト，格支配，基本文型などの関わり

　動作態様（動作相 Aktionsart）・各時称形（Tempus）の意味・助動詞 haben/sein．（各変化形の意味は動詞の性格によって左右される．）

継続態．状態動詞（haben 支配）

過去完了形	現在完了形	未来完了形
er hatte geschlafen	er hat geschlafen	er wird geschlafen haben
眠りおえていた	眠った	眠りおえているだろう
（睡眠が完了していた）	（睡眠が完了している）	（完了の推量ないし未来完了）

過去形	現在形	未来形
er schlief	er schläft	er wird schlafen
眠っ［てい］た	眠［ってい］る	眠［ってい］るだろう
（睡眠状態にあった）	（睡眠状態にある）	（状態の推量ないし未来）

非継続態．動作動詞（sein 支配）

過去完了形	現在完了形	未来完了形
er war eingeschlafen	er ist eingeschlafen	er wird eingeschlafen sein
眠りこんでいた	眠りこんでいる	眠りこんでいるだろう
	（睡眠状態にある）	（状態の推量ないし未来の状態）

過去形	現在形	未来形
er schlief ein	er schläft ein	er wird einschlafen
眠りこんだ	眠りこむ	眠りこむだろう
（睡眠状態に入った）	（睡眠状態に入る）	（行為の推量ないし未来）

（1）　アスペクト

schlafen という**状態動詞**と einschlafen という**動作動詞**を個別に取り扱い，過去・現在・未来とそのそれぞれに対する完了的ないし先時的関係を段階づけて表示してみれば上記のようになるのであるが，もし仮に，ある時，ある人物について睡眠という行為の経過，事態の推移をこの二つの動詞の現在形

4.1. 動詞の機能，文構成との関わり

と現在完了形を組み合わせて考えてみると，次のようなことになるであろう（そしてまた過去形と過去完了形どうしによって同じような表を作ってみれば，やはり過去の時点での同様な事態の推移が観察される）．

事態の経過

まだ眠ってはいない．眠りに入るところである．	眠っている	もう眠ってはいない．眠ったあとである．
Er *schläft ein.* 彼は眠り込む． （現在形）	Er *ist eingeschlafen.* 眠り込んでいる． （現在完了形）	
	Er *schläft.* 彼は眠っている． （現在形）	Er *hat geschlafen.* 彼は眠った． （現在完了形）

　未来形と未来完了形については，単なる時間的未来というより，むしろ完了や未完了（現在）の事柄についての推量等，話法的表現になることが多く，そのため werden を法助動詞（話法の助動詞）と同列に取り扱う考え方もある．（→4.2.13.）
　さて，上の表は事柄の組み立て方こそ前後入れかえたり，二つの動詞をそれぞれ一定の時の流れにそってからみ合わせたりしてあるが，いずれの場合も或る特定のものに関し，それぞれ一定の時の流れに即した表現である．しかし時称形の用法には，そのように一定の事物，一定の時期に限定した表現の他に，習慣や性質，周期的に起こる現象等，一定時期にとらわれない表現や，さらにまた諺や法則，定理その他，一般的にいって個々に限定されない事柄について，普遍的概念を述べる用法もあり，同じ動詞を用いてもこれら諸表現への使い分けは可能である．例えば
　（1）　Eine Mauer *umgibt* die Stadt.　（囲壁がその町をとりかこんでいる．）
なども，定時的観察の報告であると同時に永続的状態の記述でもありうる．
　（2）　Er *umgibt* die Stadt mit einer Mauer.　（彼はその町を囲壁で取りかこむ．）
というのは定時的行為に限られる．この種の事態を表にすれば，次のように

なる．

定時的，不定時的；恒常的・普遍的表現

一定の事柄に関する表現		不特定の事柄の表現
定時的	不定時的	恒常的・普遍的
Er *schläft* jetzt sehr gut. 彼は今たいそうよく眠っている．	Er *schläft* immer sehr gut. 彼はいつもたいそうよく眠る．	Man *schläft* hier nicht gut. ここではよく眠れない．
Er *sagt* die Wahrheit. 彼は本当の事を言っている．	Er *sagt* immer die Wahrheit. 彼はいつも本当の事を言う．	Kinder und Narren sagen die Wahrheit. 子供と愚者は本当の事を言うものだ．

もっとも，次の文のように上表の何れか一つに限定されず，場合々々で適宜使い分けられているものもある．

　(3) Die Erde *dreht* sich um die Sonne herum. （地球は太陽のまわりをめぐっている．）

たとえばこのような，天体の半永久的運行，海洋の自然現象，地理的描写・記述などはそれに当たる．

　そのような事象の現前の認識としての描写にも用いうることであるが，例えば上記（Er *schläft* jetzt sehr gut./ Er *schläft* immer sehr gut.）のような定時的/不定時的表現を，現代英語の<he *is sleeping*>と<he *sleeps*>のような変化形で区別できる言語のことを「～語にはアスペクトの使い分けがある」とか，その表現形式そのものを指してアスペクトと称し，「英語にはアスペクトがあるが，ドイツ語にはアスペクトはない」と言うことがある．

　この考え方では，後にあげるsitzen（すわ［ってい］る）対setzen（すえる，置く）やsich setzen（腰を下ろす）；liegen（横たわ［ってい］る）対legen（横たえる）やsich legen（横になる，寝る）など，語の辞書的段階，不定詞のレベルで既に区別可能な「状態か動作か」という動作態様と変化形態に現れたアスペクトとを区別しているわけである．

　しかし，<be ＋ ～ing>という進行形のような複合表現は時代の産物であって，元来，英語もドイツ語も，古いゴート語も含めてゲルマン語の系統

4.1. 動詞の機能，文構成との関わり

には，スラブ系の言語にあるような語の変化のレベルでのアスペクトの区別はなかったのである．言語によるものごとの表現は複雑で多元的なものであって，コンテクストや状況語句その他，動詞以外も含めた熟語的表現手段によっても広義のアスペクトの区別は可能である．例えば，英語の進行形に依るような現前の行為の表現としてドイツ語でも，日常的には，4.2.1.2.章末に示される例(Er ist *am Kochen*, stör ihn nicht！彼，いま料理しているから邪魔しないで．)のような名詞化された不定詞による語法が行われている．

前記 schlafen と einschlafen の関係は，造語法上は合成といって，ein-schlafen が基礎動詞 schlafen に副詞 ein（英語の into のような意味に用いられ，前置詞 in と同語源の語である）をつけた合成語である．一方，例えば schrecken(驚く/驚かす)に，独立の語としては用いられない接頭辞 er- などを付けた（ほぼ schrecken と同じ意味）のような語は派生語という．ただし，通常の学校文法ではともに複合動詞といって，einschlafen などは分離動詞，erschrecken などは非分離動詞として教えられる．(→4.5.1.)

上記 schlafen と ein-schlafen のように，進行中の事態を表すものと，事態の動きを表すものとの区別を指して継続態（durative Aktionsart），非継続態／完了態（perfektive Aktionsart）という二つの動作態様が区別される．さらに詳細な区別が論者によって様々あるが，時称形の意味とこの動作態様の関係を分かりやすく説明するために，ここではこの二大別にとどめておく．

さて，大別して状態や動作かという動作態様の対立が見られるものには，基礎動詞に何かを付ける方法だけでなく（造語法については本ドイツ語文法シリーズ第 7 巻『語彙・造語』の7.2.4.「動詞の造語」の章に詳しく述べられている），

自動詞		他動詞	
liegen	横たわ[ってい]る（英 lie）	legen	横たえる・寝かせる（英 lay）
sitzen	坐[ってい]る（英 sit）	setzen	据える・置く（英 set）
hängen	（本来 hangen）（英 hang）懸かっている	hängen	懸ける（英 hang）

などのように，語根(Wurzel)が共通で語源的に関係があり，強変化と弱変化の違いがあり，本来的な強変化の自動詞の方が継続的(durativ)で，広い意味での一種の派生語である弱変化の他動詞の方が非継続的／完了的(perfektiv)な動作態様で用いられるというような例もある．

（2）　完了の助動詞 haben と sein の使い分け（→4.2.4.2.）との関係

　助動詞 haben と sein の使い分けは，上記 schlafen と einschlafen の例でも見られるが，動作態様による以前に，そもそも sein を助動詞として用いるのは自動詞に限られ，その中でほぼ場所の移動や状態の変化を表す場合に sein が適用される事になっている（他に bleiben や sein など，その条件に合わないが sein を助動詞にとる例外が若干ある．schwimmen（泳ぐ）や reiten（馬に乗る）などの動詞が単なる行動でなく，行き着く先が意識される場合 sein をとるというような区別もある．

　（4）　Er hat heute zwei Stunden/ sehr gut geritten.（彼は今日は2時間／たいそううまく馬にのった．）
　（5）　Er ist aufs Land geritten.（彼は田舎へ馬にのって行った．）

つまり，自動詞が場所の移動で（～へ）や，状態の変化で（～に）のように，行き着く/成りかわる目途が終止的・完了的に意識される時に sein がとられるのである．

　schlafen（眠［ってい］る）と einschlafen（寝入る，眠り込む）などのように単一の基礎動詞と複合動詞という組み合わせからも動作態様が区別され，完了の助動詞 haben と sein も使い分けられる例であるが，本動詞自体の外形からはその区別がつけ難いものもある．

　たとえば，fahren（乗り物で行く），reiten（騎乗する），schwimmen（泳ぐ），tanzen（踊る）などいわゆる運動の動詞では，単なる行為とみなされる場合と，目的地や通過の場所など移動・移行が意識される手がかりのある場合とで継続態と非継続態が区別され，haben と sein が使い分けられる．

　　Sie *hat* sehr schnell *gefahren*.（彼女はたいそう早く車を走らせた．）
　　Sie *ist* in die Stadt *gefahren*.（女は市中へ車を乗りいれた．）
　　Er *hat* gut *geschwommen*.（彼は上手に泳いだ．）
　　Er *ist* über den Fluss *geschwommen*.（彼は川を泳ぎ渡った．）
　　Sie *haben* die ganze Nacht *getanzt*.（彼等は夜通し踊った．）
　　Sie *sind* quer durch den Saal *getanzt*.（彼等は踊りながら［踊るような足取りで］広間を横切った．）

　助動詞以外まったく同じ語を用いた次のような文でも，単に持続的な行為を2時間分切り取った場合と，場所の移動・移行が意識される場合とで，継

4.1. 動詞の機能，文構成との関わり

続態と非継続態という動作態様の違いが認められ，haben と sein の使い分けとなって現れる．

  Er *hat* zwei Stunden *geritten*.　（彼は2時間乗馬をした．）
  Er *ist* zwei Stunden *geritten*.　（彼は2時間馬を走らせ［て来］た．）

 従来，とくにこの論議の始めのころは，よく同じような意識で用いられていた Aktionsart と Aspekt という術語を内容的に区別しようとするならば，たとえばこれらの運動の動詞のような，本来，持続的・継続的行為を表す動詞そのものの行為のあり方を継続態の Aktionsart とし，一方，その動詞を用いながらも，状況語や助動詞等によって行為の終了と結果状態のように文意の読みとり方が変わることを Aspekt（すなわち Ansicht［眺め・見方］）とすることなども考慮の対象になるであろう．

 今日，「ドイツ語には Aktionsart はあるが Aspekt はない」と言うような時には，たとえば現代英語の進行形の使用の有無のような形式として外に現れたものを指して Aspekt と言っているようであるが，上記のような或る局面での完了の助動詞の使い分け(have/be の如き)や，受動の助動詞 werden と sein のような使い分け（→4.4.2.1.）は，標準英語ではあまり行われなくなっている．

（3）　動詞の格支配(**Rektion**)・ヴァレンツ（**Valenz** 動詞価）などとの関係

 自動詞 liegen, sitzen などと他動詞 legen, setzen などには，文を構成する場合に主語以外にどのような格をとるか（格支配→1.1.4./1.2.38.），主語を含めてどのような成分を幾つ必要とするか（ヴァレンツ→1.1.4.）などが問題になる．例　legen—liegen, setzen—sitzen　などでいえば，

  Das Buch *liegt* auf dem Tisch.　（本は机の上にある．）
  Er *legt* das Buch auf den Tisch.　（彼は本を机の上におく．）
  Das Kind *sitzt* auf dem Stuhl.　（子供は椅子の上に座っている．）
  Sie *setzt* das Kind auf den Stuhl.　（彼女は子供を椅子に座らせる．）

の如くである．setzen, legen（sitzen machen, liegen machen）など使役的意味のいわゆる作為動詞では，元の sitzen, liegen を述語とする文の主語に当たるものが4格目的語になり，前置詞格が，上記3・4格支配の前置詞によるものでは動きを表す4格の前置詞句になり，ヴァレンツの点では　sitzen, liegen 等の文の2価（主語・動詞・3格前置詞句）に対して，setzen, legen の文では，3価（主語・動詞・4格目的語・4格前置詞句）になるというよ

うな関係が見てとれる．

　なお，たとえば上記，他動詞 setzen の 4 格目的語が再帰代名詞 sich に替った場合，

　　　Sie *setzt sich* auf den Stuhl.　彼女は椅子に腰をかける．
は後述の態（Genus verbi）にかかわる再帰動詞の語法で（→4.4.3.），自動詞 sitzen（継続態「座っている」）に対して，非継続態の「腰をおろす，腰かける」という表現になる．

　また，これらの他に（die）Perspektive という術語がある．これはもっと巨視的に文体論の立場から話し手・書き手がどのような時間的位置感覚で，どの方向に視線を向けて描写，表現しているかが問題になる場合の「話者の目・視線」というほどの意味の術語であるが，ラテン語から来たこの語は，言語に限らず一般的に「眺望，展望，遠近法，見通し，見込み」などの意味で視覚的表現に用いられるものである（→4.2.1.2.）．例えば前記31ページの表の〈彼は眠り込む．眠りに入る〉から〈彼は眠り終えた．眠った〉にいたる事の推移という見方（その前の30ページの客観的時間段階への各時称形の割り当てとは別）についても，この Perspektive という語は用いられうるであろう．

　また例えば，新約聖書，ヨハネ　8，57・58　に，動詞の時称形と動作態様の関連で，客観的時間関係に照らして考えると大胆至極な表現が用いられている．祖先のアブラハムを引き合いに出したユダヤ人の長老たちの問いかけ「お前はまだ50歳にもならない身で（祖先の）アブラハムを見たと言うか」に対するイエスの答え；Ehe　Abraham　war/(geboren)　ward/wurde, bin ich.（アブラハムが居た/生まれた/この世に現れた以前に（以前から），私はある/存在する．）では，限定的な過去形よりも，まるで望遠鏡の倍率の魔術のように，それ以前まで含め，また先は現時点を越えてまでの存在を表現する直説法現在形〈bin ich〉の時間的展望についても，この Perspektive という考え方は用いることができないであろうか．

　ドイツ語訳の諸例

　　Du bist noch nicht fünfzig Jahre alt und hast Abraham gesehen？ ― Ehe Abraham *war, bin* ich.（Zwingli-Bibel, Zürich 1970）

　　Du bist noch nicht fünfzig Jahre alt und hast Abraham gesehen？ ― Ehe denn Abraham *ward. bin* ich.（Jubiläumsbibel, Luther）

4.1. 動詞の機能，文構成との関わり

Du bist noch keine fünfzig Jahre alt und willst Abraham gesehen haben? —Noch ehe Abraham *wurde, bin* ich. (Einheitsübersetzung）
Du bist noch nicht fünfzig Jahre alt und willst Abraham gesehen haben? —Ehe Arbraham (geboren) *ward, bin* ich. (Menge)

アブラハムという主語の定動詞には，本動詞としてのwerden（生じる，なる）の過去形 ward/wurde（u は本来的には複数過去形の幹母音）か，或いは sein（存在する，生きている）の過去形 war が用いられているのに対して，主文の主語，ich（イエス自身）については現在形の bin が用いられているが，これは時間的に過去・現在・未来に通ずる永遠性を単独の現在形で表わす思い切った語法である．ドイツ語の時称形の使用法からすれば破格のものであるが，それも，各言語に限られた文法的表現手段と，思考内容の発表意欲との折れあいの産物である．ギリシア語原典からの直訳という事情もある．

その他，次の例のように本来，過去形による表現よりも〈先時・完了〉を表す筈の過去完了形が，むしろそれより後の事態について用いられている場合にも，観察の視点の移動が考えられる．

  Sie lehnte sich an seiner Schulter, und *war* gleich *eingeschlafen*. （彼女は彼の肩にもたれかかったかと思うと，たちまち眠りこんでいた．）

  Der Alte sprach's und *war verschieden*. （老人はそう言ったかと思うと，亡くなっていた．）

  Er sann und sann und bald *hatte* er einen neuen Plan *gefunden*. （彼はさまざま思いめぐらし，間もなく新しいプランを見出していた．）

この種の過去完了形の特殊な用法については4.2.5.3.章を参照していただきたい．

4.2. 時　　称（Tempus）

4.2.1. 時称の概略

4.2.1.1. 時称変化の要約
（1） 時称形（Tempus）と実際上の時（Zeit）

　時称形には，4.1.3.2. の総括表に示したように，直説法で現在形，過去形，現在完了形，過去完了形，未来形，未来完了形の6形式，接続法で8形式，命令法で2形式が認められるが，各形式の名称とそれによって表される〈時〉の関係に注意しなければならない．例えば，
　（1）　Ich *komme* gleich.（すぐにまいります．）
　（2）　Er *wird* schon in Hamburg *angekommen sein*.（彼はもうハンブルクに着いているでしょう．）

最初の文に用いられている現在形 komme が指す〈実際上の時〉は，厳密には現在ではなくて，未来である．また，第2の文の wird angekommen sein は，形の上では未来完了形であるが，この場合は過去ないし現在完了の事柄についての推論なのであって，未来に関するものではない（その点をとらえて未来の助動詞 werden を話法の助動詞とする意見もある）．

　もちろん，これらは極端な例であって，各時称形と〈実際上の時〉とが全然一致しないというのではないが，言語の機能というものが有機的で複雑きわまるものであり，現在形なら現在形が現前の事柄ばかりを表すとは限らず，また時称は時称，話法は話法というぐあいに，はっきり割り切ってしまうこともできないという例証としてあげたのである．一般に言語というものについては，形として外に現れた形態の名称と，それによって表される意味内容，意味の範囲ということを，よく吟味しなければならない．

　また，ドイツ語（一般にゲルマン語）には，元来，個々の動詞の語形変化によって表される時称形は現在形と過去形の二通りしかなく，それ以外に今日用いられている現在完了形，過去完了形，未来形，未来完了形の四つは，

4.2. 時　称

すべて助動詞を併用した複合時称形である．これらの各複合時称形が，ある時代一斉に作り出されたというのではなく，また今日用いられている形しかなかったのでもない．時代により，方言差によって，様々な変遷を経て今の形に落ち着いたものであって，今日なお各時称形の使用に関してはかなり複雑な問題が残っている．種々の使用例については，以下の各章節で具体的に詳しく述べることになるが，その順序は，現在形，過去形，現在完了形，過去完了形，未来形，未来完了形とする．この順序がこの概説の部の4.2.1.2.章で説明する理論的な時の段階に合致しないのは，根源的で重要なものから，派生的なものの方へ進むという行き方をとったからである．各時称形の相対的用法や代替関係について，各課に重複している部分があるが，それぞれ照らし合わせてみていただきたい．なお，関連事項で注意のいる問題（過去形と現在完了形の使い分けや，これまでの研究書における種々の時称記述方法について）を最後に補った．一般に，文章上の関連，副詞などの補助手段，個々の動詞の動作態様，話者の心理，方言差など種々の要素によって，時称形の選択は大いに左右されるし，文法書にも種々の記述方法があるのであるが，さしあたりここでは，〈時称形 Tempus/Zeitform〉と〈時 Zeit〉とは同一のものではないということを銘記していただきたい．

（2）（心理的）現在・過去・未来と完了・不完了

　普通われわれは時間を過去・現在・未来というふうに区分するが，現在というものは論理的に見れば，永劫の過去から無限の未来へと続く時間のつながりの中の1点であって，刻々と未来に向かって移動しているものである．従って長さというものはないのであるが，われわれが日常生活に結びつけて〈現在〉という語を用いる場合には，ある程度の長さ，ないしは持続の意識をもって用いている事が多い．いわゆる〈心理的現在〉である．便宜上，図示してみると次のようになるであろう．

　　　　　　　―――――……―――――→　　　（時間線→）
　　　　　　　　（過去）→（現在）→（未来）

　こういう事情は過去の事柄についても，未来の事柄についても一応念頭においてかからなければならない．ただし，ドイツ語でも「未来」Zukunft の原義は「やって来るもの・こと」，「過去」Vergangenheit は「過ぎ去ったこと」で，時間線の矢印は上記と逆向きともいえる．

　　　　　　　　　　　動　詞

　各時称形を理論上の時に類型的に割り当ててみると，まず現在という時を設定して，ある動作または状態がそれと同時のものであるか，あるいはそれより以前のものであるか，または以後のものであるかによって現在・過去・未来に3大別される．いま lesen（読む）の定動詞を例にとれば，

　　　Ich *lese* die Zeitung.　私は新聞を読んでいる．
　　　Ich *las* die Zeitung.　私は新聞を読んでいた．
　　　Ich *werde* die Zeitung *lesen*.　私は新聞を読むであろう．

となる．この三つは現在・過去・未来というそれぞれの時に基準をおいて，その時に〈読む〉という行為が行われる事を表している．このように現在・過去・未来の時点において行われる行為，存在する状態を表すものを不完了時称（または継続時称）と呼ぶ．英語では今日，継続中の事柄を表すのに特に進行形が用いられるが，標準ドイツ語ではそのような時称形式は用いられず，現在形が英語のいわゆる進行形をもかねるのである．

　ところで，時間関係にはこの三つの時間的基点を中心として，それ以前から行われて来，そこで完了する完了時称と，そこから始まろうとする事を表す開始の時称というものが考えられるが，開始の時称というものは，次のような面倒な言い回しによって表現され，時称形としては確立されていない：

　　　Er ist im Begriff zu lesen. / Er will eben lesen.　（彼は今まさに読もうとしている．）

そこで便宜上，完了時称・不完了時称の六種に限って，その関係を次のように図示してみる．4.1.4. の schlafen の表も参照のこと．

	過去	現在	未来
完了	Er hatte gelesen. （彼は読み終えていた）	Er hat gelesen. （彼は読み終えた）	Er wird gelesen haben. （彼は読み終えているだろう）
不完了 （継続）	Er las. （彼は読んだ）	Er liest. （彼は読んでいる）	Er wird lesen. （彼は読むだろう）

上表中の日本語訳は，このような杓子定規な時間的割り振りに無理にこじつけたものである．種々の時称形の訳は，実際にはこれとは違ったいろいろの可能性をもっている．

　ところで，lesen（読む）のような持続的行為・状態を表す動詞の場合はよ

4.2. 時　称

いとして，動詞の中には，そのような持続的な内容を表さないものもあり，その動作・行為などの表れ方，受け取られ方によって，時間的概念に少なからぬ差異を生ずる．例えば，

(3) Ich *lerne* Deutsch seit drei Jahren.　　――――――――→
　　（私は3年来ドイツ語を習っている．）　　lerne（→現在）

(4) Gestern *fand* ich ihn in einem Keller.　　・・・・・・・――――→
　　（昨日私はある酒場で彼を見つけた．）　　fand

という二つの例文中，上の lerne は lernen の単数1人称・現在形であり，fand は finden の単数1人称・過去形であるが，時間的基点を同一に設定すれば，即ち同じ時期に誰かがこう言ったとすると，現在形の〈習っている〉という行為は，〈見つけた〉という過去形で表された動作よりも以前から行われていることになる．これは継続の意味が拡大されていると考えられ，単なる現在形と現在完了形の区別がかなり厳しく守られている英語と違って，ドイツ語やフランス語では，このような場合も現在形で表される．finden（見つける）という動詞は非継続態，すなわち行為が完了・成就する瞬間を指すもの，ある時点を意識させるものであり，これに対して lernen（習う）の場合は継続態であって，開始とか終了とかの概念を含まない持続的な行為を表すものである．このように，ある行為・動作などがどのような様相で現れ受け取られるかという事を指して動詞の動作態様（Aktionsart）という（4.2.1.2.章参照）．上の文で seit drei Jahren（3年来）という副詞的規定（時間添加語）によって開始の時が限定されているのは，個々の文章上の意味規定であって lernen という動詞自体には特に開始や完了の概念は含まれていない．このような動詞の動作態様の差異から，ある場合には現在形が，過去形の文で表されている時より以前にさかのぼる行為を表していることもあるというような時間的異同が生ずるのである．このように動詞の時称形がどのような意味で用いられているか，その動詞はどのような動作または状態を，どのような様相において表現するものであるかということを理解してからなければならない．

　また，この動作態様としての完了態と，完了時称，すなわち時称としての完了形とは一応区別されねばならない．非継続態は動詞の動作の現れ方の様相を指すものであり，これに対して完了時称は（話法的用法は別として，時に関する用法としては）動詞の性質に関わりなく，その完了・終結という時称概念を表すものである．従って動詞は，それが継続態であろうと非継続態

であろうと，完了時称形をつくることができる．

ただし，その完了形が表す意味については動作態様の別が影響を及ぼす．例えば同じ現在完了形でも，sehen（見る）という継続態の動詞の場合の Ich habe es gesehen.（私はそれを見た）では，だいたい過去に行われた行為ないし経験を，すなわち時間的位置づけを主にして用いられることが多く，その意味は過去形にかなり近いが，ersehen（見てとる）という非継続態の動詞では，Ich habe es ersehen.（私はそれを見てとった，認識した）というように，その行為が成就されているという事情・状態を主にして用いられる事が多い．

さらにまた，同じ動詞が持続的にも非持続的にも用いられることもある．例えば，frieren という動詞は，継続態としては〈寒がる，こごえる〉の意味であり，非継続態としては〈氷結する〉というふうに意味が異なる．そしてまた，これは完了形を作る場合，助動詞 haben, sein の選択とも関係する．これについては，4.2.4.1.章でも説明する．

現在形に関して問題をあげれば，非継続態の動詞の現在形は〈現在〉という時点よりおくれて成就される行為を表すのに用いられることが多い．現今の未来形という複合時称がまだ確立されていなかったころには，その現在形をもって未来の意を表すことがよく行われた．本来は継続態のものでも，ge- などの前つづりをつけて非継続態にすれば，その現在形が未来の意を表しえたのである．（例：sëhen 見る，gesëhen 発見する）．今日でも，この概説の冒頭の例のように，現在形による未来的表現がさかんに用いられている．

現代ドイツ語においては時称形がかなり豊富になっているので，〈時〉の表現に関して動作態様が及ぼす影響は以前ほど重大ではないが，古い時代，まだ時称の区別が今日ほど精密に行われなかったころには，動作態様が時間的概念を表現する上で重要な役割を果たしていたことを考えれば，これを全然無視してしまうことはできない．

（3） 定時的・不定時的・普遍的表現

各時称形によって表される行為・状態などの時間的基盤についてはいろいろ分類の仕方があろうが，ここでは文章の内容，すなわち事柄そのものに即して，次のような方法で区別をたてよう．

　a. まず，一定の事柄に関する文で，しかも一定時期のことを表現している場合を定時的用法とする．

4.2. 時　称

 b.　次に，これに対して，一定の事柄に関する叙述であっても，時期を特に定めない場合を不定時的用法とする．

 c.　さらに，どういう種類のものであれ，特定の対象に限らず，時間上の制約を受けない表現というものがあり得る．一般的習性や普遍的な事柄を述べるものであって，諺なども原則としてこの種の用法である．これを普遍的用法と呼ぶことにしよう．

以上，三つに大別したが，実際の文例の中には，すべて明確にa，b，cのいずれかに区別できると限らず，どれか二つにまたがる可能性のあるものもまれではない．しかしまた逆に，実際には話者は原則としてa，b，cのいずれかに具体的に割り当てて表現しているものである．細かいことは各時称形の章でその都度できるだけ説明することにして，ここでは一通り例文を挙げる．

 a.　**定時的用法**としては次のようなものがある．

（5）　Die Kinder *spielen* jetzt im Garten.（子供たちはいま庭で遊んでいる．）

（6）　Am nächsten Tage *brachte* sie mich in ein Pensionat.（その翌日彼女は私をある寄宿学校へ入れに行った．）

（7）　*Haben* Sie schon *gegessen*?（もう食事はすみましたか？）

（8）　Als er den Brief *geschrieben hatte, ging* er aus.（手紙を書き終えてしまうと，彼は外出した．）

（9）　Sie *wird* morgen früh nach Bonn *abfahren*.（彼女は明朝ボンへ向け出発するでしょう．）

（10）　Morgen abend *werde* ich meine Arbeit *beendet haben*.（明晩には私は私の仕事をやりおえているであろう．）

以上，ドイツ語のもっている6種類の時称形全部にこの用法がある．

 b.　**不定時的用法**も同様に，6種類の時称形ともありうる．例えば，

（11）　Ich *trinke* jeden Morgen eine Tasse Tee.（私は毎朝お茶を一杯飲む．）

（12）　Früher *rauchte* er viel.（以前は彼は大いに喫煙したものだ．）

（13）　Ich *habe* als junger Mensch viel *getanzt*.（私は若い頃よくダンスをしたものだ．）

（14）　Er *hatte* oft *gesagt*, …（彼はそれまでにしばしば…と言ったことがあった．）

(15) In den Ferien *werde* ich täglich einen Spaziergang *machen*.（休暇中私は毎日散歩するでしょう．）

(16) Dann *werden* wir viel Schönes *gesehen haben*.（その時には私たちはいろいろすばらしいものを見てきているだろう．）

c. **普遍的用法**には，現在形，過去形，現在完了形，未来形の4種類しかなく，過去完了形，未来完了形をこのように用いた文例は見あたらない．

(17) Jeder Fehler *hat* seine Ausrede.（いかなる過ちにも逃げ口上はある．）

(18) Der stärkste Baum *war* auch ein Reis.（どんな強大きわまりない樹も，もとは一本の挿枝であったのだ．）

(19) Es *ist* kein Meister vom Himmel *gefallen*.（いまだかつて，生まれつきの名人・上手というものがあったためしはない．）

(20) Niemand *wird* dem Tode *entrinnen*.（何びとといえども死をまぬがれることはない．）

先にも述べたように，この用法はものごとの定義や諺など，普遍妥当性を表すものであるから，過去完了形や未来完了形のように，その性格上何らかの意味で特定の時ないし事柄に結びつく時称形はこの種の表現に適さない．同じ完了時称の中でも現在完了形だけは，過去形と同じように絶対的に用いられるから，これが可能なのである．むしろ過去形の方が現在完了形よりも稀である．

　これらa，b，cのいずれか一つに限定されない文を例示すると，
　　Er *spricht* Deutsch.
では，a．（彼はドイツ語を話している．）b．（彼はドイツ語を話す／話せる）のどちらとも解せられる．ドイツ語は，英語のように進行形の使用によってその両者を区別するということをしない．英語でも love, like, belong, include 等，その性質上，本来継続的な状態を表す動詞では進行形を用いないのが普通である．もちろん，文脈や副詞の添加などによって区別できるわけで，言葉というものは，機械的な理屈で割り切るべきものではなく，同じ語形でも，生かして用いれば種々の表現になりうるのである．

　以下の各時称形の章では，定時的・不定時的・普遍的用法という内容に即して考えた便宜的な分類に基づいて説明する．本書では，形態と意味内容の関係を理解するために，あえてこのような分け方を試みた．

4.2. 時　称

4.2.1.2. 時称と動作態様（Aktionsart）・アスペクト（Aspekt）・パースペクティヴ（Perspektive）

　動詞は行動・行為・活動・出来事あるいは状態を表す品詞であるが、それらの事はみな**時間**に関係しているのが特徴である．ドイツ語で動詞のことをZeitwortとも言うゆえんである．そして，意味が時間に関係していることが個々の動詞の意味にどこか現れている．つまり，**意味に内在**している．例えば，blühenは花が「咲いている」という意味だが，aufblühenは花が「開く」という意味である．花が「咲いている」と言えば状態であるから，意味に時間的に継続的な長さが含まれている．どんな花も、いったん咲けばある一定期間「咲いた」ままでいる．これが動詞の意味に時間との関係が内在しているという意味である．しかも，意味に内在している時間との関係の仕方は**個々の動詞によって異なっている**．

　（１）　Die Blumen *blühen*.

は「花が咲いている」であってblühenは広義の状態動詞，

　（２）　Die Blumen *blühen auf*.

は「花が開く」でaufblühenは広義の動作動詞である．
このように**動詞の意味に時間が内在的に関係していることを動作態様**（Aktionsart）という．そして，blühen「咲いている」のように意味に時間的に続く長さが含まれている場合を**継続態**（durativ）と呼び，aufblühen「（花が）開く」のように意味に時間的に続く長さが含まれていない場合を**非継続態**（nicht-durativ）と呼ぶ．なお，Aktionsartに「相」という訳語をあてることもあるので，継続態は**継続相**，非継続態は**非継続相**とも呼ぶ．

　動詞に関係する別のカテゴリーとして時称もまた時間に関わっているけれども、この場合の関わり方は動作態様の場合と大いに異なる．時称は発話の送り手との関係で決まるのであって，動詞の意味に内在しているのではない．時称は動詞の意味の外にある．時称は発話の送り手との関わりで決まる．つまり，送り手が発話している時点が現在であって，これを起点として過去と未来が設定できるのである．また，現在・過去・未来が設定されれば，それぞれに先立つ時間を表すために現在完了・過去完了・未来完了を設定できる．

　ドイツ語には動作態様が体系的に備わっているとは言えないが，**狭義の動作態様は派生（Ableitung）によって表される**ことが多い．すでに見たとおり，aufblühenはblühenに前綴（Präfix）auf-を添えた派生語である．前綴のは

たらきは，動詞の語幹（Stamm）によって表される基本的意味に時間的なニュアンスを加えて別の動詞を作ることである．この違いは，例えば schlafen と einschlafen にも見られる．

（３） Das Baby *schläft* gut. （赤ん坊はよく眠っている．）

という発話に使われた動詞 schlafen の動作態様は「眠っている」という状態の時間的な長さであるが，

（４） Das Baby *schläft* bald *ein*. （赤ん坊はすぐ寝入る．）

という発話に使われた動詞 einschlafen「眠りこむ」は，「覚めている」状態から「眠っている」状態への瞬間的な変化という動作態様へと変わる．einschlafen は新しい動詞である．

例（３）で schlafen を「眠っている」という状態として訳したが，schlafen は下のように習慣的な行為も表す．

（５） Ich *schlafe* jeden Tag 8 Stunden. （私は毎日 8 時間眠る．）

習慣として毎日 8 時間眠るにしても，schlafen の意味に延長的な時間が内在的に関係していることには変わりはない．つまり動作態様は変わらない．このことから，動作態様と訳語とのあいだに一対一の関係が成り立っていると思いこんではならないことが分かる．

動作態様は動詞の使われ方に対していろいろな制限を加える力を持っている．例えば，他動詞も自動詞も継続態なら完了形を作るのに助動詞 haben を使うが，非継続態の自動詞では助動詞 sein を使う．

（６） Ich *habe* 8 Stunden ununterbrochen *geschlafen*. （私は 8 時間ぶっ続けに眠った．）

（７） Ich *habe* den verlorenen Schlüssel *gefunden*. （私はなくした鍵を見つけた．）

（８） Das Baby *ist* bald *eingeschlafen*. （赤ん坊はすぐ寝入ってしまった．）

継続態の動詞は一般に動作受動（Vorgangspassiv →1.2.23.4.）を作ることができるが，状態受動（Zustandspassiv →1.2.23.4.）にはあまり用いられない．

（９） Der Schlüssel *wird gesucht*. （鍵を探しているところだ．）

（10） **Der Schlüssel ist gesucht*.

しかし，非継続態の動詞はどちらの受動態も作ることができる．

4.2. 時　　称

(11)　Der Schlüssel *wird gefunden*.　（鍵は見つかるさ．）
(12)　Der schlüssel *ist gefunden*.　（鍵は見つかった．）

継続態の自動詞の現在分詞は一般に名詞の付加語に使うことができるが，非継続態の自動詞の現在分詞は名詞の付加語としてはあまり用いられない．

(13)　ein schlafendes Baby　（眠っている赤ん坊）
(14)　*ein einschlafendes Baby

逆に，継続相の自動詞の過去分詞は名詞の付加語としてはあまり用いられず，名詞の付加語に使うことができるのは一般に非継続相の自動詞の過去分詞である．

(15)　ein eingeschlafenes Baby　（眠り込んだ赤ん坊）
(16)　*ein geschlafenes Baby

広義の動作態様を表す**手段**は前綴を使った派生によるばかりではない．動詞の目的語の形によっても継続態か非継続態かが区別される場合がある．述語動詞が同一の場合，無冠詞の複数形の目的語は継続態を表すが，不定冠詞の目的語は非継続態を表す．

(17)　Er aß *Äpfel*.　（彼はリンゴを食べていた．）
(18)　Er aß *einen Apfel*.　（彼はリンゴを食べた．）

述語動詞が同一の場合，前置詞格の目的語は継続態を表すが，4格の目的語は非継続態を表す．

(19)　Ich lese *in dem Buch*.　（私はその本に熱中している．）
(20)　Ich lese d*as Buch*.　（私はその本を読む．）

動作態様を決める基準は時間的な要因に限るわけではない．時間以外の主な要因の一つは力動性（Dynamizität）である．これは動詞の表す内容が**動的**（dynamisch）であるかそれとも**静的**（statisch）であるかを区別する基準である．kochen「煮る」, schlagen「打つ」, stellen「置く」などは動的であるが，besitzen「所有している」, wissen「知っている」, mögen「好きである」などは静的である．

別の要因は因果性・作為性（Kausalität）である．これは動詞の表す内容が意思的動作主（Agens）による行為であるかどうかという基準である．lesen「読む」, schreiben「書く」などは**人間を動作主**（Agens）とする**行為動詞**（Handlungsverben）であるが，blühen「（花が）咲いている」や altern「老化する」などは行為動詞ではなくて**人間を動作主**（Agens）としない経過動詞

(Vorgangsverben)である．

　さらに，動詞の表す内容が行われる頻度（Frequenz）に着目して動作態様を区分することもある．

　　(21)　Karin *arbeitet* in Frankreich.（カーリンはフランスで働いている．）

のように動作主の行為がかなり長期にわたって習慣的に行われていることを意味する場合，この動作態様を**習慣態**（Habitus）と呼ぶ．習慣態と似ているのは**反復態**（Iterativ）である．こちらは，(22)のように動作主の行為が習慣的に繰り返されることを意味している．

　　(22)　Sie *streichelt* gern ihre Katze.（彼女は自分の猫を撫でるのが好きでいつも撫でている．）

けれども，同じ streicheln でも下のように使えば習慣的ではない．しかし，猫を愛撫してやったのが一回きりであったとしても「撫でる」という行為そのものが反復的であることに変わりはない．

　　(23)　Sie *hat* vorhin ihre Katze *gestreichelt*.（彼女はさっき猫を撫でてやった．）

ドイツ語では後綴（Suffix）-eln，-ern に含まれる / l /，/ r / の音素は反復を表す．例えば，hüsteln「軽い咳をする」＜husten, lächeln「ほほえむ」＜lachen, klappern「かたかた音を立てる」＜klappen, plätschern「ぴちゃぴちゃ音を立てる」＜platschen など．

　動詞の意味に時間が内在的に関係していることを言い表す術語として，動作態様のほかに**アスペクト**（Aspekt）という術語も用いられる．しかし，両者は完全に同じではない．動作態様が文法の規則としては捉えられないで，語彙の意味から認定されるのに反して，アスペクトは文法の規則として定められている．このように動作態様が文法化されている言語はスラブ系の言語に多い．ロシア語はその代表格である．

　英語には be 動詞と〜ing を組み合わせて作る進行形があって，継続態を表すことができる．

　　(24)　She *was reading*, when he entered.（彼が入ってきたとき，彼女は何か読んでいた．）

もっとも動作態様がもともと継続態である know や love のような動詞は進行形では用いられない．

4.2. 時　称

(25)　*I am knowing / loving.

ドイツ語には進行形がないので，副詞を用いて継続態を表す．

(26)　Sie las **gerade**, als er eintrat.

また口語には進行形に当たる形式がかなり以前から定着している．

(27)　Sie *war am Lesen*, als er reinkam. （彼が入ってきたとき，彼女は何か読んでいた．）

(28)　Er *ist am Kochen*, stör ihn nicht. （彼，いま料理してるから，邪魔しないで．）

以前は此の種の説明に Aktionsart と Aspekt を同じように用いていたこともあるが，今日では，英語の進行形のように文法的形式として確立したものをアスペクトとし，辞書的段階での動詞の意味の有りようを動作態様として区別することが多い．

なお，これらとはまた別に，話者・書き手がどのような立場から，どのような視線の方向づけをもって述べているかという意味で，die Perspektive（ペルスペクティーヴェ／パースペクティブ）という術語を用いることがある．元来は「見通し，見晴らし，遠近法」などという意味の語である．ちなみに das Perspektiv は小型の望遠鏡を意味する．der Aspekt というのは「ものの見方，外見，眺め」など Ansicht の意味のラテン語から来ており，die Aktionsart は「動作・行為のあり方」である．

上にあげたような問題については論者によっていろいろ意見の異なるところもあるので，一応の紹介にとどめるが，最後に若干の例を示す．

4.2.5.3. にあげてある過去完了形の用法の中に，直前の過去形による事柄よりあとの出来事を述べるものがある．

Sie *lehnte sich* an seiner Schulter, und *war* gleich *eingeschlafen*. （彼女は彼の肩にもたれかかったかと思うとすぐに眠り込んでいた．）

つまり，「もたれかかった」のと「眠りこんでしまっていた」という事との間に時間的意識のずれが感じ取られるのである．

また次のような例は，bevor とか ehe による過去形の副文より前の「時」まで含めて，sein の現在形で存在の状態が包括的に表された大胆な表現で，時称形の用法がかなり柔軟性をもつものであることを示している．

Ehe Abraham (*geboren*) *ward*, *bin* ich. （アブラハムが生まれたその前から私［イエス］は［存在して］いる．）（→4.1.4. 末）

動　詞

4.2.2. 直説法現在形

4.2.2.1.　変化形：26・27ページの上の表中，直説法と記した部分を参照．
（1）　直説法現在変化の一般型

		（弱変化動詞）				（その他）	
		sagen 言う	abeiten 働く	handeln 行う	reisen 旅する	binden 結ぶ	heißen 称する	tun する
ich	-e	sage	arbeite	hand(e)le	reise	binde	heiße	tue
du	-(e)st	sagst	arbeitest	handelst	reis(es)t	bindest	heiß(es)t	tust
er, es, sie	-(e)t	sagt	arbeitet	handelt	reist	bindet	heißt	tut
wir	-(e)n	sagen	arbeiten	handeln	reisen	binden	heißen	tun
ihr	-(e)t	sagt	arbeitet	handelt	reist	bindet	heißt	tut
sie(Sie)	-(e)n	sagen	arbeiten	handeln	reisen	binden	heißen	tun

　　語幹が d, t に終わるものは原則として，また，dm, tm, bn, dn, gn, ffn, chn など (l, r 以外の子音＋1個の m, n) に終わるものは常に単数2，3人称，複数2人称において発音の都合上，語尾との間に e を挿入する：arbeitest, arbeitet 等．

　　語幹が s, ss, ß, z, tz に終わるものは単数2人称で t を付けるだけでもよい．reist, heißt 等．ただし，du speisest（君は食事をする）を speist とすると，speien（唾をはく）の2人称単数現在の変化と同じになってしまうというような事もあるので，省略形を用いるのも事と次第による．

　　不定詞が eln, ern に終わるものは，単数1人称で hand(e)le, wand(e)re の如く，その e が省かれる．

（2）　直説法現在変化の特例
　　不規則動詞の中には単数2，3人称に注意すべきものが多い．

	fahren 乗物でゆく	brechen 破る	sehen 見る	treten 歩む	halten 保つ	werden なる	haben 持つ	sein ある
ich	fahre	breche	sehe	trete	halte	werde	habe	bin
du	fährst	brichst	siehst	trittst	hältst	wirst	hast	bist
er	fährt	bricht	sieht	tritt	hält	wird	hat	ist
wir	fahren	brechen	sehen	treten	halten	werden	haben	sind
ihr	fahrt	brecht	seht	tretet	haltet	werdet	habt	seid
sie(Sie)	fahren	brechen	sehen	treten	halten	werden	haben	sind

強変化動詞で2，3人称で幹母音が a → ä, au → äu に変わるもの：fahren, laufen 等．
　幹母音が，e → i, ie に変わるもの：brechen, lesen, sehen 等．
　　また，nehmen → nimmst, nimmt ; treten → trittst, tritt の如く，子音の表記法，つまりその前の母音の音価に変動（長母音→短母音）のあるものもある．
　　また，halten → er hält, werden → er wird, treten → er tritt の如く，3人称の語尾の t が同化されてしまうものもある．
　　話法の助動詞や wissen の変化（4.1.3.2.），その他特殊の動詞の変化（4.1.3.1.／2.）にも注意を要する．

4.2.2.2. 現在形の一般的性質

　現在形は通常，現在行われている行為・動作・継続中の状態などを表すのに用いられるが，同じ現在形を用いていても，おのおのの動詞の動作態様により，あるいは話者の心理作用などによって必ずしも常に理論上の現在と一致するとは限らず，かなり広範囲にわたり，これをもって他の時称形に代えることができる．
　ドイツ語（一般化して言えば英語，オランダ語，デンマーク語，スウェーデン語ほかも含むゲルマン系の言語）では，助動詞を用いない単一時称はこの現在形のタイプと過去形のタイプの2種類だけである（→4.1.3.2.）．文法上，複合時称がまだあまり分化し確立していなかった古い時代を想定してみると，この2種類の動詞形だけで，話者はすべての時間関係を表していたわけである．もちろん，時間関係は前後の関連や副詞・接続詞などによって表現され得たはずであるが，見方をかえて言えば，そういった根元的な，すなわち時間の枠をはなれて動詞の行為内容をかなり概念的に表す機能を現在形は有しているといえる．今日でも，現在形は使用範囲の広い，きわめて融通性のある時称形である．
　現在形は，定時的，不定時的，普遍的な事柄のすべてに用いられる．その中には次のような注意すべき用法がある．
（1）　持続性の拡大（過去からの継続）
　　Ich *wohne* schon seit sechs Jahren in dieser Stadt. （私はもう6年も前からこの町に住んでいる．）

Ich *lerne* Deutsch seit drei Jahren.（私は三年来ドイツ語を学んでいる．）

（英語の〈I have been learning …〉のような進行形の完了形式はドイツ語では用いられない．）

（２）　完了的表現

　　　„Endlich *treffen* wir uns", sagte er.（「とうとう会ったね」と彼は言った．）

（３）　いわゆる歴史的現在

　　　Plötzlich wurden die Pferde angehalten, drei Räuber *überfallen* den Wagen und *verlangen* von dem Reisenden sein Geld.（突然馬が止められた．3人の盗賊が馬車に襲いかかり，旅人に金を要求する．）

（４）　未来の事柄

　　　Ich *komme* bestimmt. Ich *treffe* dich an der Kirche.（私はきっと行くよ．教会のところで会おう．）

（５）　確定的な事柄としての言明（命令など話法的用法）

　　　Er *bleibt* hier！（彼はここに残るのだ！）

　　　Ihr *kommt* mit mir.（君たちは私と一緒に来るのだ．）

これらについては，のちに詳しく述べる．

4.2.2.3.　定時的な事柄の表現

　次の例文のような，現在行われ，あるいは継続している行為・動作・状態などを表す場合，英語では進行形が用いられるが，標準ドイツ語ではそのような時称形式は用いられず，継続態の動詞にあっては，現在形が英語の進行形もかねるのである．

　　　Was *machst* du？（おまえは何をしているのか？）

　　　Ich *lese* jetzt die Zeitung.（私はいま新聞を読んでいる．）

　　　Das Buch *liegt* auf dem Tisch.（本が机の上にある．）

　もちろん，持続的行為を表すのはこのような持続態の動詞の場合であって，完了態，非持続態の動詞では，動作が現在という一時点において行われ，完結し，あるいは開始するものとして受け取られる．

　　　Der Zug *fährt* jetzt ab.（列車はいま出発する．）

　　　Der Blitz *schlägt* in den Baum.（雷が木に落ちる．）

しかし，同じ非継続態の動詞 schlagen でも，反復態 (Iterativ) といって，持続的動作に準ぜられることがある：

　　Der Regen *schlägt* an die Fenster. （雨が窓を打っている．）

このような非継続態の動詞の場合，具体的には，むしろ発言の瞬間からみた未来をさしていることが多く，また，次の二つ目の例のように，逆に口語では現在完了的表現にも用いられる：

　　Er *kommt* morgen zu mir. （彼は明日うちへやって来る．）

　　Woher *kommt* unser Deutsch? （我々のドイツ語はどこからやって来たか．）

また，継続の意味が過去にまで拡大されている場合は，通常，状況語，副詞・副詞句を伴う．

　　Er *liegt* seit langem krankheitshalber im Bett. （彼は長らく病気で床に臥している．）

　　Wir *warten* schon zwei Stunden auf günstigen Wind. （我々は既に2時間も順風を待っている．）

厳密にいえば，話者の発言している現在の瞬間からみて過去の事柄であっても，心理的に現在につながっている場合には，現在形で表されてよいことが少なくない．

4.2.2.4. 不定時的な事柄の表現

一定の時に拘束されない行為・動作を表す場合，

　　Mein Lehrer *spricht* sechs Sprachen. （私の先生は6種の言語を話す．）

　　Er *arbeitet* immer fleißig. （彼はいつも勤勉にはたらく．）

のごとくである．〈不定時的〉であることを表す要素は副詞であったり，目的語であったり，代名詞であったり，さまざまであるが，また状況によってもそのように解されることがある．例えば，

　　Während du *schläfst, arbeite* ich. 君が寝ている間に，私は仕事をする．

のような文は，〈これから君が眠る間に私は仕事をすることにしよう〉のように定時的にも用いられるが，また〈君が眠っている間に（いつも）私は仕事をするのだ〉のように不定時的にも用いられる．同一の文が，場合により定時的にも不定時的にも解されることは，概説の部でも述べたが，実際には話

者は原則として，いずれかに具体的に割り当てて表現しているものである．

4.2.2.5. 普遍的な事柄の表現

またさらに，話者との関連性や時間的制約をはなれて，ものごとの一般的な性質，普遍的な事実，真理などを表す場合がある．先に述べた定時的，不定時的な事柄の表現とちがって，対象を特に限定しない表現である．

  Der Mensch *ist* das Produkt seiner Umgebung. （人間は環境の産物である．）

  Im Frühling *blühen* die Bäume. （春には木々の花が開く．）

  Im Herbst *verlassen* uns die Zugvögel. （秋には渡り鳥たちがわれわれのところから去ってゆく．）

事物の定義，説明などはこの種の用法であり，諺などもこのような普遍的な性格から割り出されるものである．

  Erfahrung *bleibt* des Lebens Meisterin. （経験は常に人生の導き役である．）

  Beide *schaden* sich selbst: der zu viel *verspricht*, und der zu viel *erwartet*. （あまりに多くのことを約束するもの，また，あまりにも多くを期待するものは，いずれも共に傷つくのだ．）

  Wo es Mode *ist, trägt* man den Kuhschwanz als Halsband. それが流行とあれば，人は牛のしっぽでも首飾りとして身につけて歩くものだ．

もちろん，このように用いられた現在形が真理・普遍的な事実を表すといっても，それはすべて話者の主観にかかる問題であり，内容そのものの真偽・正誤にまで立ち入るものではない．

また次のような例文では，意味上，時間的な前後関係があるけれども，これは時称の問題ではなく，文意から読み取られるものである．

  Was man in der Jugend *wünscht, hat* man im Alter in Fülle. （若い頃に望んでいたものを，人は年取ってから充分に持つのである．）

  Wer einmal *lügt*, dem *glaubt* man nicht, und wenn er auch die Wahrheit *spricht*. （一度うそをついたものは，たとえ本当のことを言っても人から信用されない．）

これらは時間的制約を脱した用法であるから，いずれを過去，いずれを現在，

いずれを未来に結びつけねばならないなどということはなく，ただ内容からいって，相互の間に前後関係が考えられるにすぎない．用いられている時称形がすべて現在形でも，このような表現はできるのである．もちろん，これと同じような趣旨を完了形や未来形をまじえて表現することも可能である．

4.2.2.6. 相対的用法

　文は必ずしも常に個々の事柄を単独で表すとは限らず，上の例文のように他の文とつきあわせて用いられることが多い．副文の時称については本ドイツ語文法シリーズ第9巻『副文・関係代名詞・関係副詞』の9.1.6.章を参照してほしい．

　　Er *liegt* im Bett, weil er krank *ist*. （彼は病気なので床についている．）

　　Während du *schläfst, arbeite* ich. （君が眠っている間に，私は仕事をする．）

のごとくである．ところが，時の基準は立場によって異なった見方をされるものであって，内容いかんにかかわらず話者の発言しているその時，すなわち話者の現在を基準にするか，あるいは話者によって指示されている時，すなわち話者の語る行為の行われている時，ないし状態の存立している時を基準とするかによって，**独立的**と**付随的**との二様の立場がありうる．

　上の二つの文のうち，後者の〈眠っている〉は，私が〈仕事をする〉という主動作に付随して，同時に存在する事柄を表しているが，前者の場合，〈病気である〉ということと〈床についている〉ということは，もちろん見方によっては因果関係をもった同時の事柄であるが，事柄の因果関係が同じ時期に成立しているとは限らず，原因が〈krank gewesen ist 病気だった〉からという現在完了のこともありうるわけである．なお，文法上は主・副文の関係にあっても，必ずしも時の基準に関して付随的であるとは限らない．特にこのような関係は，間接話法においてよくみられる．現代ドイツ語の間接話法では，主・副文の時称形の組み合わせに拘束はないのである．このことについては4.2.9.章を参照せよ．

　付随的に用いられた場合，現在形に付随するだけでなく，現在形は現在完了形や未来形に付随して用いられた場合も，これらの時称形で表される主動作と同時の事柄を表しうる．

Indes wir *hoffen*, hat uns das Unglück schon betroffen. （我々が希望を抱いているうちに，早くも不幸が襲って来てしまった．）

Ich *werde* Sie besuchen, wenn ich *zurückkomme*. （帰りましたら，あなたをおたずねします．）

このように現在形は，かなり融通性のある時称形なのである．

4.2.2.7. 他の語形との代替関係

現在形の代替的用法には，未来に関するものと過去に関するものがある．

（1） 現在形の未来的ならびに話法的用法

前節の最後の文例の wenn による副文中で zurückkommen werde という未来形でなく現在形が用いられているのも既にそうであるが，複合時称形の未来形が確立される以前には，現在形が未来の事柄を述べるのにも用いられた．この用法は今日なお残っており，文章の関連上，あるいは副詞など状況語によって〈未来〉ということが明らかにわかっていれば，煩雑な未来形はむしろ敬遠されて，助動詞のいらない単独の現在形が用いられる．

Morgen *reisen* wir nach Berlin. In acht Tagen *komme* ich aber wieder und dann *besuche* ich dich gewiß. （私たちは明日ベルリンへ行くが，私は1週間したら帰ってきます．そしたらきっと君を訪ねます．）

非継続態／完了態の動詞の場合，その行為の成就が，絶えず過去から未来へと移動していく現在という時点との関係上，実際には〈未来〉につながりやすいということもすでに説明したが，通常，現前に行われている事柄を表す継続態の現在形でも，状況によっては，同様に未来の行為をさして用いられることがある．

Ich *lese* das Buch sicher. （私はきっとその本を読みます．）

なお，特にこのような未来的用法は話法的な色彩をおびやすく，この場合も強調とか意志・意思とか多少なりとも心理的なものが付加されていると考えられる．完了体の場合はその傾向がより強く，未来の事柄の事実のように断言的に表明する表現になることがある．例えば，

Ich *treffe* dich an der Kirche. （教会のところで会おう．）

このような1人称の文では，意思が表現され，

Du *gehst* gleich hinaus! Aber er *bleibt* hier! （お前はすぐに出てゆくのだ！ だが彼はここに残るのだ！）

4.2. 時　称

このような2人称，3人称の文では，強制的な命令口調にもなる。しかし，単なる未来の意味か，あるいは話法的(modal)な意味がこめられているかの限界はあいまいであることが多い。

　コンテクストから未来をさすことが明らかなため，未来形が避けられて現在形が用いられる場合としては，次のようなものがある。例えば，希望・意図・要求・命令などを表す文が先行する場合，またはそのような内容の主文につく副文中などでは，未来形は避けられる傾向が強い。

　　Ich wünsche, daß du zu ihm *gehst*. （私はお前が彼のところへ行くことを望む。）
　　Laß uns eilen, damit wir ihn noch *erreichen*. （急ごうではないか，彼に追いつくように。）
　　Bindet los! Ihr *rettet* mich vom Tode. （縛を解いてくれ！ 君たちは私を死から救ってくれることになる。）
　　Gib acht! Du *fällst*. 気をつけろ。落ちるぞ／倒れるぞ
　　Beeilst du dich (＝wenn du dich beeilst), so wirst du ihn noch einholen. （急いだなら，君はまだ彼に追いつくだろう。）
　　Wenn er *kommt*, werde ich es ihm sagen. （彼が来たら，そのことを彼に言いましょう。）
　　Du träumst, bis ein Donnerschlag aus deinem Träume dich *weckt*. （雷鳴がお前を眠りからよびさますまで，お前は眠っているのだ！）
　　Sobald er *kommt*, brechen wir auf. 彼が来ればすぐ，我々は出立する。

とにかく一般的にいって，話者が未来の事柄の実現を確定的であるとして述べる場合，未来形よりは現在形を選択する傾向が強い。

（2）　過去の事柄に関する用法（ものごとを眼前に見るように描写する語法）
　現在形を過去に関して用いる場合には，前項で述べた未来的用法の場合よりもずっと明瞭に時間的な飛躍の心理が作用している。
　通常，過ぎ去った事柄を述べるには過去形や現在完了形（ないしは過去完了形）が用いられるが，過去の事を物語っている際に，時間の観点をその事件のまっただ中に移して，まのあたりに光景を見るように活写するため，現在形に変えることがある。いわゆる〈**歴史的現在／劇的現在**〉である。

　　Die Gäste kamen und gingen, die Kellner eilten hin und her, und dann und wann tönten durch die weit offenen Türen die lang gezogenen Rufe der Zeitungsjungen in den Saal hinein. Und plötzlich *sehe* ich, wie ein Herr von meinem Alter sich langsam zwischen den Tischen hindurch und zu einem Ausgang *bewegt*. Dieser Gang? Aber da *wendet* er auch schon den Kopf nach mir, *hebt* die Augenbrauen, *kommt* mir mit einem freudig erstaunten „Ah?" entgegen. „Du hier?" Wir riefen es wie aus einem Munde und er fügte hinzu!„Also wir sind beide noch am Leben."

（客が出たり入ったりしていた．ボーイが忙しくあちこち立ち働いていた．時々新聞売り子の間延びした声が大きく開いたドアからホールの中へとび込んできた．突然私は，私ぐらいの年配の人が悠然とテーブルの間をぬって出口の方に向かって動いて行くのが目に入る．あの歩き方は？　その時はやくもその客の方でも私のほうへ顔をふり向けると思うと，眉を上げて〈おっ〉と嬉しそうに驚きの声と共に，私の方へ近づいてくる．〈君がここに〉と，我々は異口同音にこう叫んだ．彼はつけ加えて言った．〈じゃ二人とも，まだ生きてたんだね〉．）

過ぎ去った事柄でも，記録として表記しておくための現在形は

49 v. Chr.: Cäsar *überschreitet* den Rubikon. （紀元前49年：シーザーがルビコン川を渡る．）

のように，年表や年代記にみられる．これに似た用法に〈引用の現在〉というのもある．過去の著述を引用するときなどに盛んに用いられる．

Schiller *sagt*: Der Zorn *verdirbt* die Besten. （シラーは言っている：怒りはどんなによい人々をも滅ぼすと．）

現在そう書かれた著書などが残って読まれているというところから〈引用の現在〉といわれるが，過去形または完了形でも意味に大した変わりはない．

また，話者が最近の出来事を現在形で報告することもある．

Denk dir nur, ich *gehe* gestern in die Stadt und *treffe* meinen früheren Lateinlehrer. （考えてもみてよ，昨日，町へ行って昔のラテン語の先生に会うなんて．）

この文では，「昨日」という時間関係の明示が時間添加語によって行われているが，現在形の使用で，その出来事が話者にとってアクチュアルなものであることが伝達される．しかし，どのような時間添加語でも，このような現在

4.2. 時　　称

形の文に用いることができるのか．Latzel(1977)によれば，話者の意識上遠い過去を表すもの（例えば，früher「昔」や vor vielen Jahren「何年も前」）は用いられないとされる．

　口語では，非継続態の動詞の現在形がしばしば現在完了のような働きをすることもある．

　　Warum *kommst* du so spät? （なぜ君はそんなに遅れて来たのか．）
　　Ich *komme* doch von Yokohama. （だって私は横浜からやって来たのだから．）

非継続態の動詞の現在形が〈未来〉につながりやすいことについては先に述べたが，時間的基準を厳密に〈現在〉にとれば，このように現在における完了・成就をも表すわけである．

　このように現在形は，現在の出来事だけでなく，過ぎ去った事柄の描写，未来，あるいはまた架空の事柄を想像しての描写にも用いられる．心理作用によって，〈時〉は過去・現在・未来，あるいは架空の世界のいずれへも移されうるのである．何事によらず，目の当たりに生き生きと描写するための現在形なのである．

（3）　戯曲の台本のト書き等

　上記，いわゆる「歴史的現在形」の用法に似て，やはり生き生きと眼前に見るよう事態の進行を現在形で活写するのが劇，芝居の「ト書き」である．劇の台本（脚本）には登場人物の台詞（科白）以外に，人物の所作等を指定し，筋の進行を述べるト書きがついているが，その時称は原則として現在形で，例えば次にあげるシラーの「テル」第3幕末のテルの所作を書いたものなどがその見本である．

　　(er[Tell] *zieht* den Pfeil aus dem Koller und *sieht* den Landvogt mit einem furchtbaren Blick *an*.) （彼は胴着のえりから矢を引き抜いて恐ろしい眼付きで代官をにらむ．）（Kollerはグリムの『ドイツの伝説』ではGöllerとなっている）

　ただし，幾分長いト書きになると，中には前後関係や既存の状況の明示のために，現在形以外の語形が用いられることもある．同戯曲の上掲箇所の直前であるが，テルが幸いにも息子ヴァルターの頭上のリンゴをうまく射落とした後，妻のベルタ，息子のヴァルターとテルの三人に，焦点の当たる一コマである：

— 59 —

動　詞

Bertha　Der Knabe lebt！Kommt zu Euch, guter Vater！
Walther Tell　（*kommt* mit dem Apfel gesprungen）
　　　Vater, hier ist der Apfel——Wußt（＝Wußte）ich's ja,
　　　Du würdest deinen Knaben nicht verletzen.
Tell　（*stand* mit vorgebognem Leib, als wollt［＝wollte］er dem Pfeil folgen — die Armbrust *entsinkt* seiner Hand — wie er den Knaben kommen *sieht*, *eilt* er ihm mit ausgebreiteten Armen entgegen und *hebt* ihn mit heftiger Inbrunst zu seinem Herzen hinauf, in dieser Stellung *sinkt* er kraftlos zusammen. Alle *stehen* gerührt）.
Bertha.　O güt'ger（＝gütiger）Himmel！
（ベルタ　あの子は生きています．しっかりして，お父さん．
ヴァルター・テル　［リンゴをもって跳んで来る］
　　　お父さん，ほれ，このリンゴ——ちゃんと分ってたよ，
　　　あんたの子に怪我をさせたりはしないって．
テル　［まるで矢のあとを追いかけるかのように前のめりの姿勢で立っていたが，いしゆみは彼の手からすべり落ちる．その子が来るのを見ると両腕を広げてかけ寄り，感極まった様子で彼を胸に抱き上げる．その形のまま力がなえたようにくづおれる．みな感動して立ちつくす］）
ベルタ　おお，慈悲深い天の神よ．
そのまた少し前の箇所には現在完了形のト書きもある．要するに，ト書きでは事態の進展を逐次生き生きと描写する現在形が主であるが，このように時間関係や状況の説明として他の時称形も用いられるのである．

（４）　現在形によるものごとの説明

　現在形はまた，一般にものごとの説明に用いられる．そしてそれは単に「１たす１は２である」とか，「水は摂氏100度で沸騰する」とかいった普遍的・抽象的な事柄に限られるわけでもない．

　　　Nach seinem Austritt aus dem Bodensee *fließt* der Rhein in westlicher Richtung. Bald darauf *vereinigt* er sich mit der Aare, die vom St. Gotthardt *kommt*. Bei der schweizerischen Grenzstadt Basel *biegt* er nach Norden um. Außer dem Neckar, dem Main und der Mosel *erhält*

4.2. 時　　称

er noch eine Menge kleinerer Zuflüsse. Zu ihnen *gehört* auch die Ruhr, an deren Ufern sich das wichtigste Industriegebiet Deutschlands *erstreckt.* … … / (F. Treuheit : *Deutsche Sprachlehre für höhere Schulen*)

　（ボーデンゼーを出た後ライン河は西方へ流れる．するとやがてザンクト・ゴダルト峠から来るアール河と合流する．スイスの国境の町バーゼン付近で彼［ライン］は北に折れる．ネカー，マイン，モーゼル以外にも，彼はなお多くの小支流を受けいれる．ルール河もまたそれらの支流の一つであり，その沿岸にはドイツの最も重要な工業地帯がのびひろがっている．）

上例はまだ，ライン河に関する一般的説明であり，時間的には具体性にかけるところがあるが，次の場合は具体的な時間，しかも未来の或る時点を目して用いられている．

　女が愛人に自分の家の間取りを教える場面である．

　… Dann richtete sie sich auf, wurde ernst … und fuhr fort : „Ich will dich von zehn Uhr bis Mitternacht erwarten und auch noch später und immerfort, und die Tür unten wird offen sein. Erst *findest* du einen kleinen Gang, in dem <u>halte dich nicht auf</u>, denn da *geht* die Tür meiner Tante *hearus.* Dann *stößt* dir eine Treppe entgegen, die *führt* dich in den ersten Stock, und dort **bin** ich !" Und indem sie die Augen schloß, als ob ihr schwindelte, warf sie den Kopf zurück, breitete die Arme aus und umfing mich, … / (H. v. Hofmannsthal : *Das Erlebnis des Marschalls von Bassompierre*)

　（それから彼女は身を起し，思いつめた様子になり…そして言葉を続けた，「10時から真夜中まで貴方を待っていますわ，もっと晩くても，いつまでも．下のドアはあけておきましょう．まず最初小さな廊下があります，そこでぐずぐずしていてはいけません，伯母の部屋を出た所なんですから．それから階段に突き当り，2階へ上ってゆくと，そこに私がいます」．そして，まるで目まいでもするように両眼をとぢて頭を後に倒し，両手をひろげて私をかき抱いた，…）

4.2.3. 直説法過去形

4.2.3.1. 変化形

	sagen 言う	denken 考える	können できる	helfen 助ける	haben 持つ	sein ある	werden 成る
ich	sagte	dachte	konnte	half	hatte	war	wurde
du	sagtest	dachtest	konntest	halfst	hattest	warst	wurdest
er	sagte	dachte	konnte	half	hatte	war	wurde
wir	sagten	dachten	konnten	halfen	hatten	waren	wurden
ihr	sagtet	dachtet	konntet	halft	hattet	wart	wurdet
sie (Sie)	sagten	dachten	konnten	halfen	hatten	waren	wurden

　後綴 -te の付加によって過去を表す動詞は点線以下を人称語尾とみなす．
　直説法過去変化では werden の ich wurde, er wurde（古形は ward）という例外がある他は，いかなる動詞もみな単数1，3人称では無語尾である．
　不規則動詞で過去形語幹が -d, -t に終わるものは，発音の都合上 du -est, ihr -et とし，-s, -ß, -z, -sch に終わるものは du -est とする．その際，ß は前の母音が短ければ ss になる．（第1章参照）：reißen 裂く→ ich　riß, du rissest；schießen 射る→ ich schoß, du schossest.

4.2.3.2. 過去形の一般的性質

　過去形は過去の出来事や状態を現在と関係なしに表現するのに用いられるが，日常会話では過去の出来事や状態の表現も，（心理的に）現在に結びついた現在完了形の方がよく用いられる．英語と違って，ドイツ語の現在完了形は過去の副詞とともに用いられうる．両時称形の使い分けについては，4.2. 11.章で詳しく述べるが，だいたいにおいて次のような差異がある．例えば，過去形を用いた

　（1）　Er *kaufte* das Buch.（彼は本を買った．）

この文の場合，原則として現在なお彼がその本を所持しているかどうか問題でなく，過去のこととして切り離して述べられているが，現在完了形で，

　（2）　Er *hat* das Buch *gekauft*.

4.2. 時　称

といえば，「彼は本を買ったし，またその本を現在持っている」というのが本来の意味である．

　古くは，現在よりも以前の事柄はたいてい過去形で表されていた．その際，過去の時称の結果が現在まで残っていようといまいと，またその文が独立のものであろうと，別の過去の事柄に付随するものであろうと区別するところはなかったが，現代ドイツ語では現在完了と過去完了という2種の複合形がこれに加わって，より精密な時間的規定をするようになったのである．その複合形の勢力は時代とともに増大して，過去形の用法はかなりの制限をうけている．

　しかしながら，小説などの物語の時称としては，（心理的）現在と関係なしに，また単一形で表現される過去形が用いられる．

（3）　So *blieb* Schneewittchen und *kochte, backte* und *wusch* für die Zwerge, und die kleinen Männer *waren* zufrieden mit ihr.（そうして白雪姫はとどまり，こびとたちのために料理をし，パンを焼き，洗濯をした．それでその小さな男たちは彼女に満足であった．）

このような物語に用いられた過去形は，話者の過去を表すのではなく，単に物語の基盤を表すだけであるといわれている．また過去形は，物語のように他のいろいろな事柄と関連づけながら用いられやすいため，ぽつんと独立した表現には適さない．

4.2.3.3.　定時的な事柄の表現

　過去のある時に行われた，あるいは継続していた事柄を表す．

（4）　Goethe *wurde* am 28. August 1749 geboren.（ゲーテは1749年8月28日に生まれた．）

（5）　Der Reisende *kam* gestern abend *an*.（旅人は昨晩到着した．）

（6）　Ich *wartete* schon zwei Stunden auf ihn, als er *kam*.（彼がやって来た時，私は既に2時間も彼を待っていた．）

動詞が非継続態であれば時点が明確であるが，このような場合に現在完了形も用いられる．また，継続態の場合は，過去の時点以前よりその時まで，相当長く続いていた事柄も表すことができるのである．

　通常，長い文章にあっては，いろいろの態様のものが混じり合って用いられている（下線の語が継続態で，その他は非継続態である）．

（7） Als ich aus der Kirche *trat*, *goß* es in Strömen. Ich *stürzte* ins Café „Glockenspiel", *bestellte* einen Kaffee, *las* eine Zeitung nach der andern und *wartete* auf Karl. （私が教会から出てきた時，雨は滝のように降っていた．私はカフェ「グロッケンシュピール」に飛び込み，コーヒーを一杯注文し，次から次へと新聞を読みながら，カールの来るのを待った．）

このように，過去形は物語のための基本的な時称である．

4.2.3.4. 不定時的な事柄の表現

一定の時に拘束されない過去の行為・動作を表す．

（8） Nachts *war* er oft Stunden lang wach. （夜中によく彼は何時間も目覚めているのであった．）

（9） Wir *saßen* oft abends im Garten unterm Baum. （我々は夕方よく庭の木の下で椅子に腰掛けていたものだった．）

これらの文も現在完了形で言い換えることができるが，sein 動詞は過去形の方がよく用いられる．口語では過去形が消失してしまった南ドイツの方言でも，sein の過去形の war だけは確保されている．

既に現在形のところでも述べたが，過去形を用いた文章でも，同じものが一定時にも，不定時にも結びついて解されることがある．例えば，

(10) Napoleon der Erste *trug* einen kleinen Hut und einen grauen Mantel.

この文の意味は，「ナポレオン一世が（ある時）小さい帽子と灰色のマントを身につけていた」とも，「（いつも）身につけていたものである」とも受け取れる．

4.2.3.5. 普遍的な事柄の表現

不特定な対象について述べる用法は，過去形には少ない．

(11) Der stärkste Baum *war* auch ein Reis. （どんな強大きわまりない大木も，もとは一本の挿枝であったのだ．）

(12) Noch kein hübsches Weib *hatte* je ein Gesicht ohne Falsch. （いまだかつて，きれいな女が偽りのない顔をもっていたためしがない．）

(13) Guter Weg *wurde* nie krumm. （よい道というものが曲がったた

4.2. 時　称

めしはかつてない．正道をふんでいればまちがいない．）
通常，過去形というものは，物語のように他のいろいろな事柄と関連づけながら用いられやすい時称であって，逆に言えば，過去形を用いた文は後にまた文が続く感じがする．そのため，このようにぽつんと独立した表現には適さないのである．ただし，動詞の中には過去表現に現在完了形よりも過去形の方がよく用いられるもの (sein, haben, 話法の助動詞) があるのである．なお，このことに関しては，現在完了形の〈普遍的表現〉の項 (→4.2.4.5.) を参照されたい．

4.2.3.6. 相対的用法

既に現在形の相対的用法の項で述べたように，複合的に用いられた文でも，〈話者の現在〉を基盤とする場合と，他の文に関連して時を定める場合とで，独立的と付随的の相違が認められるが，過去形についても同様である．例えば先に挙げた例文 Ich wartete schon zwei Stunden auf ihn, als er kam. (彼がやって来た時，私は既に2時間も彼を待っていた) において，kam は主文の wartete に対して付随的に同時性を表している．通常，主文が独立的，副文が付随的である．

このように他の過去形に付随して用いられた過去形は，それとの同時性を表すものであるが，この場合も動作態様によって種々の組み合わせが考えられる．継続態どうしの場合，両方とも同時に並行して持続的に行われていたことを示す．

(14)　Ich *sang,* indem er Klavier *spielte.*　(私が歌い，彼はピアノをひいた．)

付随的な過去形で表される動作が，他の継続的な状態の中に割り込む場合，

(15)　Wir *standen* keines Überfalls gewärtig bei Neustadt, als gegen Abend eine Wolke Staubes *aufstieg.*　(我々は，敵の襲撃など思いもかけずにノイシュタットの近郊にたむろしていた．すると夕刻一塵の土煙がわきおこった．)

(16)　Während er tanzte, *steckte* er ihr einen goldenen Ring an den Finger.　(彼は踊りながら，彼女の指に金の指輪をはめた．)

以上の諸例のように，独立的・付随的いずれかの過去形が持続的で，継続的な事柄を表すものであれば問題は少ないが，双方とも非継続態である場合，

実際にはその行為の実現が必ずしも厳密に時間的に一致するとは限らない．例えば，

 (17) Da *erschien* ihm der Herr in einer Feuerflamme, die mitten aus einem Dornbusche *hervorbrach*.（すると彼には，とある茨の茂みの中から立ち上った火炎の中に主の姿が見えた．）

この付随的な過去形 hervorbrach（突発した／噴き出た）の表す事象は erschien（現れた）という出来事より先に実現していたもので，厳密に同時発生したわけではなく継起的であるが，ともに同じ単一の過去形で表されている．

 以上のように，過去形どうしの複合文でも動作態様によって，種々の組み合わせがありうるわけであるが，既に述べたように，この動作態様というものは動詞の性質を絶対的に規定するものではなく，同一の動詞でも場合場合によって動作態様の解釈が異なることがある．従って，同じ文章が異なった受け取り方をされることもありうる．例えば，次のような文である：

 (18) Wir *griffen* den Feind *an*, welcher sich *zurückzog*.

この動詞 zurückziehen を完了態（非継続態）ととるならば，この文は「我々は敵に襲いかかった，（そこで）敵は退却した」と解されるが，一方，継続態ととることも不可能ではない．その場合には，「我々は退却してゆく敵に襲いかかった．（その退却中に）」ということになる．他の過去形に付随的に用いられた過去形が同時性を表すという点からは，この後者の解釈の方が都合がよいのであるが，実際には解釈はまちまちであり，動作態様というものの曖昧さを表している．

 もちろん文章というものは，前後の関連からも意味を正確に読み取りうるものであるが，この文だけでは厳密には決められない（ドイツ語では制限的用法であるか否かにかかわらず，関係文と主文の間はコンマで切る）．逆の立場からいえば作文する場合には曖昧な表現は極力避けるべきであって，例えば，この文については，別のはっきりした表現の仕方があるのである：

非継続的（完了的）

 Wir griffen den Feind an, und der *zog* sich *zurück*.（我々は敵を襲撃し，敵は退却した．）

継続的

 Wir griffen den (sich) *zurückziehenden* Feind an.（我々は退却して行く敵を襲撃した．）

4.2.3.7. 他の語形との代替関係

　過去形の代替的用法としては，時称の上では完了形の代わりとなり，話法的には非事実の表現に当てられることがある．

(1) 完了の表現

　既に幾度か言及したとおり，完了の複合形が確立していなかった古代においては，過去形が現在完了や過去完了をも表現する役目を果たしていたのであって，その際にしばしば完了体という動作態様が，完了の意識の重要な決め手となっていた．即ち，完了体の動詞の過去形は，特に時称上の完了につながりやすい素質を有しているわけである．

(過去完了の意味を表している場合)

　先に現在形の項 (4.2.2.7.章) で，例えば Ich komme. という完了体の動詞の現在形が〈私はまいります〉という未来的な意味の他に，現在完了形 Ich bin gekommen.〈私はやって来た〉と同様の意味を表しうることに言及した．それを過去に移してみるならば，過去形が過去完了形と同様の意味を表しうることは容易に推察がつくであろう．例えば，

(19)　Als sie Kriemhild *erblickte, befahl* sie ihr, still zu stehen.（彼女はクリームヒルトに気がつくと，立ち止まるようにと命令した．）

この erblickte 過去形は完了的な性質のものである．

(現在完了の意味を表している場合)

　また，過去形は古来の用法にしたがって，現今の現在完了形の代わりに立てられることがある．特に，現在形と相対的に用いられる場合によくその機能を発揮する．

(20)　Wer seinen Tod im heiligen Kampfe *fand*, ruht auch in ferner Erde im Vaterland. （聖なる戦いで戦死した者は，祖国の中の遠い地にも眠っている．）

(21)　Nun kommt mein Sohn, den ich schon so lange nicht *sah*. （あんなに長らく会わなかった私の息子が，今こそ帰って来る．）

さらに次のような例では，口語的な現在完了形を避けて，わざわざ過去形を用いて高尚さを表している．**（高尚さを表す美的過去）**

(22)　Den Umschlag *zeichnete* K. Gundermann. （紙カヴァーの装丁は K.G.[製本の表示]）

(23)　Ich *eröffnete* mein neues Geschäft in der Schillerstraße. （シラー

通りに新店舗開店［開店の挨拶］）

もっとも，いずれの場合も本来は現在完了形を用いる方が正しい．
（未来完了の意味を表している場合）

過去形はまた，まれに未来完了の表現に当てられることもある．
- (24) Ich will nicht eher meine Sterne loben, bis ich das Ende dieser Taten *sah*.（これらの事業の終末を見届けるまで，私は自分の運命の星をたたえまい．）

この文では，継続態の動詞 sehen の過去形 sah が〈見てしまう〉まで，という完了的な意味を表している．この場合も未来完了の意味での現在完了形 gesehen habe を用いるべきところである．ただし，このような文では副詞や接続詞（eher，bis）が時の規定に重要な役割を果たしているから，あえて言えば，現在形 sehe を用いてもほぼ同様の文意を表しうるであろう．
（注意） また過去形には，次のような特殊なケースがあることを Helbig / Buscha (1986) が指摘している．
1．文体手段の「体験話法」において，**現前の事態を表す**のに過去形が用いられる．例えば，
　　Er fragte den Arzt:„Bin ich wirklich so schwer krank?"
　　Er fragte den Arzt, ob er wirklich so schwer krank sei.
　　→ *War* er wirklich so schwer krank?（本当に自分は重病なのだろうか．）
2．まれに，**未来の事態を表す**のにも過去形が用いられる．例えば，
　　Er sagte (gestern), daß er morgen ins Theater gehen will.
　　→ Er *wollte* morgen ins Theater gehen.（彼は明日劇場に行きたかったのだ．）
3．また Wie *war* doch Ihr Name?（お名前はなんでした？）のような言い回しも，次のような変形によって，混交であることがわかる．
　　Wer bestellte ein Bier? Ich habe ein Bier. Wer erhält das Bier?
　　→ Wer *erhielt* das Bier?（ビールのお客様はどなたでしたか？）

なお「体験話法」については4.2.10.章や，本ドイツ語文法シリーズ第10巻『表現・文体』の10.1.6.4.章（体験話法…心理の描写）に詳しく解説されている．

（2） **非事実の表現**

以上は過去形が，おおむね時間関係で変わった用法をされる場合について

述べたのであるが，すでに言及したように，時称と話法の関係は錯綜していて明確な区別はつけにくく，普通ならば接続法が用いられるべきところに，直説法過去形が非事実的な事柄を述べる役割を果たしていることがある．次の文では，本来，接続法で非事実性を明らかにすべきところである．

(25) *Warf* er das Schwert von sich, er *war* verloren. （彼が剣を捨てていたら，彼はおしまいだった．）
  ＝Hätte er das Schwert von sich geworfen, so wäre er verloren gewesen.

過去形というものは，目前の出来事でない過ぎ去った事柄を表すというその本来の性格上，心理的に非現実的な陰翳をもって使いうるものである．ただ接続法を用いた場合と違って，直説法を用いればそれだけ現実味の多い断定的な意味合いの濃い表現になる．

4.2.4. 直説法現在完了形

4.2.4.1. 変化形

sein または haben の現在形＋過去分詞

sein 支配の例			haben 支配の例		
ich	bin	gekommen 来た	ich	habe	gesehen 見た
du	bist	gekommen	du	hast	gesehen
er / sie / es	ist	gekommen	er / sie / es	hat	gesehen
wir	sind	gekommen	wir	haben	gesehen
ihr	seid	gekommen	ihr	habt	gesehen
sie (Sie)	sind	gekommen	sie (Sie)	haben	gesehen

　一般的に言って，自動詞のうち場所の移動や状態の変化を表すものと sein, bleiben が sein を助動詞にとり，それ以外の自動詞や他動詞，また再帰動詞や話法の助動詞まで含めて haben を助動詞にとる（詳細は後述）．

4.2.4.2. 完了形の由来，助動詞 haben と sein の使い分け

　現在完了形は haben または sein の現在形と過去分詞（＝完了分詞）を結合してつくられる．その由来をいえば，

　　　　　　　　　　　動　詞

　（１）　Er hat das Haus gebaut.（彼は家を建てた．）
上の例文は，もともと Er hat (besitzt) das Haus gebaut.（彼は家を建てられたものとして所有している）という意味であった．すなわち，他動詞の過去分詞 gebaut は元来〈建てられたる〉という受動の意味の形容詞であって，〈家〉という４格の目的語を修飾するものであり，ずっと古い時代には，形容詞の変化語尾（４格）をとり，目的語との間に一致を保っていた．従って haben の変化形と過去分詞を結ぶ形式は，最初は受動的分詞を作ることができる動詞，すなわち他動詞の場合だけであり，目的語が主語の所有物であると考えられる場合に限られていた．その用法が時称の区別を表す複合時称形として地歩を固めて行くにつれて，徐々に他のものにまでおしすすめられて行ったものである．

　また，sein と結合するものも，Er ist gekommen.（彼はやって来た）というのはもともと，Er ist ein Gekommener.（彼は来たれるものである．）の意味であって，この gekommen という完了分詞は主語の〈彼〉に対する形容詞であって，主語と一致する語尾（主格）をとっていた．

　このように，現在完了形という形式は，本来なにも〈現在完了〉という時間関係を表すものでなく，ある行為の結果としての，現在の状態・状況を示すにすぎなかった．今でも例えば，次のような文では，過去分詞は状況語として〈ついて〉，〈ささえて〉の意味で用いられており，hat は hält（＜halten 保っている）と同様の意味で，時称は現在である．

　（２）　Der Wirt *hat* den Ellbogen auf den Sims gestemmt und den Kopf
　　　　in die Hand gestützt.（亭主は炉棚に片肘ついて，頭を手にもたせている．）

もともとある行為の結果としての現在の状態を表すものであった形式が，たとえその行為がもはや現在続いていなくとも，かつてある行為がなされたことを示すという意識から，やがて時称概念を表すのに用いられるようになった．さらに現代の口語では，過去形と同様の意味も表しうる．英語では，明白に過去の一時点を示す副詞とともに現在完了形は用いられないため，*I have seen your brother at the station the day before yesterday.* という文は非文であるが，ドイツ語ではかまわないのである：

　（３）　Ich *habe* vorgestern am Bahnhof deinen Bruder *gesehen*.（おとつい君の兄弟に駅で会ったよ．）

4.2. 時　称

過去形と現在完了形の使い分けについては，4.2.11.で詳しく述べる．

　さて，完了形を作る助動詞には，haben と sein の二つがある．いかなる場合に前者が，いかなる場合に後者が用いられるかについては，動作態様も関係があり，その完了形が表す意味についてもかなり問題がある．

　すべて haben と結合する他動詞の場合，完了形は元来〈～された～を所有する〉，〈～を～された状態でもつ〉というところから来たものであることは上述のとおりだが，他動詞の継続態のものが，Ich habe es gesehen.（私はそれを見た）のように，時間的に過ぎ去った行為を表すようになりやすいのに対し，他動詞の非継続態のものは，Ich habe es aus dem Briefe ersehen.（私はそれを手紙から読み取った）のように，現在の結果・状態という原義に近い意味で用いられる傾向が強い．

　自動詞の場合は，sein をとるものと haben をとるものがある．普通，自動詞の中で kommen（来る），gehen（行く），stürzen（倒れる，落ちる）など場所の移動を表すものや，werden（成る），sterben（死ぬ），geschehen（発生する）など状態の変化を表すものが sein を助動詞にとる．例外的に，sein, bleiben は sein を助動詞にとり，その他のものは，自動詞も他動詞もみな haben を助動詞とすると，おおよそ説明される．

　もともと自動詞の中で完了形を作ることができたものは，上述のような，あるところへの移動や状態の変化等，行為の開始・終結やある状態への転換を表す非継続態のものばかりであって，これだけが過去分詞を sein と結合させて〈～してしまったものである〉という原義の完了形を有していたのである．すなわち，Er ist gekommen.（彼は来たれるものである）の kommen などはそれに当たるが，継続態のもの，例えば stehen, liegen 等の場合はその性格上，完了の意味がはっきりしない．そこで，sein と結んで完了の状態を表すという形式を作ることができなかった．従って，これらの動詞にあっては，過去時に関しては過去形だけしか用いられなかったのであって，これが後に便宜上，haben と結んで完了形を作るようになったが，このような動詞の完了形，例えば Er hat gestanden.（彼は立っていた）などといった現在完了形は現在への関連性の濃さという観点からすれば，Er ist gekommen.（彼は来ている）のような現在完了形の場合とかなり違っている．即ち，非継続態の自動詞の現在完了形は，現在の結果・状態を主とした表現であるが，継続態の場合 Er hat gestanden. のように，かなり過去形 Er stand. に似た，過

ぎ去った行為を主として表現するものである．

　この間の事情は，reiten, laufen, schwimmen のような運動の動詞を例にとって考えるとよくわかる．これらの動詞は，例えば，Er ist nach der Stadt geritten.（彼は町へ馬に乗って行ってしまった）のように完了点などを含めて完了的に用いられ，場所の移動が明示される場合には sein と結び，現在の結果・状態・事情を主眼としているが，Er hat zwei Stunden geritten.（彼は2時間馬に乗った）のように，単に持続的な動作そのものを表すだけであれば haben と結合することが多く，時間的に現在完了というよりは，むしろ過去の行為を主として表すものである（ただし35ページの.... ist geritten 参照）．

　また，意味によって使い分けるものもある．例えば，frieren, rinnen 等は意味によって sein, haben を使い分ける．すなわち，Das Wasser ist gefroren.（水が凍ってしまった）で用いられている動詞 frieren は〈凍りつく〉という非継続態で，sein と結合した現在完了形が現在の状態を表すのに対して，Ich habe an den Händen gefroren.（私は手が冷たかった）で用いられている frieren は継続態で，haben と結合した現在完了形は過去の事柄を表す．

　ただし，ここにあげたのは，最初に説明した完了複合形式のことの起こりに合致したものばかりであって，実際には使い分けに種々の複雑な歴史的地域的な問題がある．動作態様そのものにもかなり曖昧な点があることは既にことわっておいたが，例えば，sein をとる動詞の例外としてあげた sein, bleiben のうちの bleiben は，もとはある持続的な状態に入る「成る」ということを表す非継続態だったのであり，北ゲルマン語ではドイツ語の werden と同様に動作受動の助動詞としても用いられている．sein が sein を助動詞にとるのは全くの例外である．

4.2.4.3. 定時的な事柄の表現

　現在完了形の表現には，次のような二つの観点が考えられる．

（1）　完了性を主とした観点による場合

　現在完了とは，本来，現在時点においてある行為・状態が完了する事である．ただ，継続態・非継続態等の動作態様によって実際には種々の相違点があることも前述のとおりである．

　また，同じく完了といっても，行為や状態が済んでしまったという立場に

立つか，あるいは，それらが完了して残った結果を重視するかによって，心理的に差異が生ずる．例えば，
   （4） Lange habe ich vergeblich auf Rettung gehofft. （長い間私はむだに救いを待ち望んできた）
上の例文では，行為・状態の終始という意味が消極的に示されているが，
   （5） So, nun habe ich dieses Buch auch gelesen. （さてこれで，この本も読んでしまったぞ．）
   （6） Soeben *hat* man wieder einen ins Krankenhaus *gebracht*. （たった今また誰かが病院に運びこまれた．）
この文では，積極的な立場で，その影響や結果の残存に重点がおかれている．
（2） **先時性を主とした観点による場合**
　結果が現在に残っているということは，容易に，過去においてある行為が為されたという考えへのかけ橋となる．もちろん，過去の行為・状態を表す時にも，現在完了形が用いられている場合には，単なる過去形と違って，心理的に何らかの意味で話者の立場につながりをもっている．この過去形と現在完了形の使い分けの問題については4.2.11.章で詳しく述べる．
　とにかく時間的に現在以前に行われたこと，あったことを表すという意味では，現在完了形が過去形と同様の働きをしているわけである．継続態の動詞の場合，この意味を表すようになりやすいが，非継続態のものも，文脈や過去の副詞の存在によって，必ずしも現在の結果の状態という意識にこだわることなく，単なる過去の行為の表現として受け取られ得る．
   （7） Gestern *hat* Hans um 6 *gefrühstückt*. （昨日ハンスは6時に朝食をとった．）
なお4.2.5.2.(2)の例も参照のこと．

4.2.4.4.　不定時的な事柄の表現
　現在完了形が，単なる過去の表現にもちいられうることは既に述べたが，次のような文では，過去の不定時的な行為や出来事などが表されている．
   （8） Wir *haben* oft in dieser Gegend Spazierfahrten *gemacht*. （われわれはよくこの地方でドライブをしたものだ．）
   （9） Er hat als junger Mensch viel getanzt. （彼は若い頃よくダンスをしたものだ．）

4.2.4.5. 普遍的な事柄の表現

　本来，現在形で述べられるべき蓋然性を，過去に結びつけて述べる場合，原則として現在に距離をおいた過去形よりも，むしろ現在完了形が好んで用いられる．一般的な蓋然性を述べる場合には，現在の話者の立場からする何らかの判断の意識を伴うためである．

　　(10)　Das wahre Verdienst *hat* immer seinen Lohn *gefunden*. （真の功績は常にその報いを得たものである．）
　　(11)　Vorgetan und nachgedacht *hat* manchem schon groß Leid *gebracht*. （先に為し，後から考えるという事は，数多くの人に大きな不幸をもたらしたものである〈＝後悔先にたたずの意味〉．）

このような文は経験に徴して，かつて起こった事が繰り返し起こりうることを表し，格言として用いられるものが多い．既にあげた例文の Es *ist* noch kein Meister vom Himmel *gefallen*. （いまだかつて生まれながらにしての名人・上手というものはなかった）などもその好例である．

4.2.4.6. 相対的用法

　現在形の主動作に付随する場合，現在完了形はその主動作に先行する事柄やその時点に完了している事柄を表す．

　　(12)　Du sprichst von Zeiten, die *vergangen sind*. （君は過ぎ去ってしまった時代の話をしている．）
　　(13)　Nachdem das Kind *ertrunken ist*, deckt man den Brunnen zu. （子供が溺死した後で，人は井戸にふたをするのだ．）
　　(14)　Kaum *hat* Ernst die Alpen *überstiegen*, ruft er die alemannische Jugend auf. （エルンストはアルプスを踏破するや否や，アレマニアの青年たちを呼ぶ．）

4.2.4.7. 他の語形との代替関係

　現在完了形が，現代の口語で過去形とほとんど同じ意味で用いられていることは既に述べたが，上部ドイツ語では16，17世紀以来，過去形が消失してしまっているほどである．この地域の人々は記憶の中の出来事を話すとき，主として現在完了形を用いる．
　また，現在完了形は未来に関しても用いられる．この場合，文脈や副詞な

4.2. 時　称

どによる未来の指摘が必要である．いわゆる未来完了形が冗長なため，その代用形として用いられるが，未来完了形の表す推量の意味は，現在完了形では表されない．

(15) In einer Stunde *hat* Hans *gefrühstückt*. （1時間のうちにハンスは朝食をおえる．）

現在形も未来の事柄に関して用いられるが，現在完了形が未来に対して用いられた場合，単なる現在形を用いた場合よりも完了性が強調されることは容易に理解されるであろう．また，未来形を用いるよりも，あやふやな推量などの要素を抜き去った強い断定的な言い方になる．そのため，命令・要求を表す文や条件文などのあとに現在完了形がよく用いられる．

(16) Leg den Kaufbrief vor, und du *hast* den Prozeß *gewonnen*. （売買契約書を提出したまえ，そうすれば君は訴訟に勝ったも同然だ．）

(17) Wenn du dich nicht anständig benimmst, so *haben* wir *ausgeredet*. （もしお前がまじめに応対しなければ，われわれの話し合いもおしまいだぞ．）

すなわち，〈…ならば〉という条件が満たされれば，必ず起こったことであるかのように確信をもって述べる表現である．必ずしも時間的な未来という意識は明白ではない．

なお，wenn, sobald, bis 等の接続詞に導かれる文章では，原則として未来形・未来完了形は避けられる．これらの接続詞によって，時間的に未来を指すことがわかるからである．

(18) Warten Sie, bis ich diesen Brief *geschrieben habe* （＝haben werde）. （私がこの手紙を書いてしまうまで，お待ち下さい．）

(19) Sobald ich meine Freunde *begrüßt habe* （＝haben werde）, werde ich die Gesellschaft verlassen. （友人たちに挨拶をしおえたら，私はすぐにその会合を辞し去ろう．）

4.2.5. 直説法過去完了形

4.2.5.1. 変化形

sein または haben の過去形＋過去分詞

sein 支配の例	haben 支配の例
ich war gekommen	ich hatte gesehen
du warst gekommen	du hattest gesehen
er / sie / es war gekommen	er / sie / es hatte gesehen
wir waren gekommen	wir hatten gesehen
ihr wart gekommen	ihr hattet gesehen
sie（Sie） waren gekommen	sie（Sie） hatten gesehen

sein, haben の使い分けについては現在完了形の場合と同じである（4.2.4.1. 参照）．

4.2.5.2. 過去完了形の性格と時間関係の表示

現在完了形は助動詞 sein, haben の現在形と，動詞の完了分詞とで作られるが，これらの助動詞を過去形にして作られた形式が過去完了形である．

現在完了形が元来，ある行為の結果としての現在における状態を表すものであったのと同様に，過去完了形は元来，過去のある時における，それ以前の行為の結果・状態を表すものであった．すなわち，

（1） Er hatte etwas gefunden.（彼はある物を発見していた．）

上の例文は，もともと，Er hatte (besaß) etwas Gefundenes.〈彼は何か見出された物を持っていた（所有していた）〉が原義であり，Er war gekommen.（彼は来ていた．）は，もともと，Er war ein Gekommener.（彼は来たれる者であった．）という意味のものだった．

しかし，現在完了形が現在に対して相対的な時間関係を表すために用いられるようになったのと同じく，過去完了形も今日では時称形の一つとして確立され，過去形に対して先時性，すなわちそれに先立つ事柄を表す働きを持つようになった．現在完了形が現在の事柄に対して相対的な性格を持っているのと同様な意味で，原則として過去完了形は過去の事柄に対して付随的に

4.2. 時　称

用いられるものである．さらに，現在完了形がほぼ過去形と同じく独立的な事柄の表現にも用いられるのと同様に，過去完了形も独立的な用い方をされる場合がないではない．このことについては，後で言及する．

　過去の事柄について述べる場合に，例えば，

（2）　Karl saß in seinem Zimmer und betrachtete ein Geschenk, das er für seinen Vater arbeitete. （カールは自分の部屋のなかで座って，父のために作っている贈り物を注視していた．）

このような過去形ばかりの文章では，saß / betrachtete / arbeitete という三つの行為の時間関係は同時的であり，贈り物を作っている彼の仕事はまだ完了していない．そして，それがうまくいっているかどうか観察しているような状況と解せられる．これに対して，過去完了形の用いられた次の文では，

（3）　Karl saß in seinem Zimmer und betrachtete ein Geschenk, das er für seinen Vater *gearbeitet hatte*. （カールは自分の部屋のなかで座って，父のために作り上げた贈り物を注視していた．）

この過去完了形によってはじめて，彼が座り注視するという主行為の行われている過去のその時にはもう，彼の贈り物を作る仕事が完了していたことが明示されるわけである．

　もちろん，過去形ばかりの場合でも，次々に続く独立の文章の順序によって，時間関係が読み取れる．また，動詞の動作態様，副詞，接続詞なども時間関係を規定することはできるが，時称形だけを問題にすれば，過去完了形でそのような時間関係を表すことができるのである．

　さらに，このような主動作を表す文章と過去完了形の文が，必ずしも主文と副文の関係にあるとは限らない．おのおの独立した文章であってもかまわない．また，ある時点までの前置として，完了や先時を強調したい場合に，過去完了形をいくつも続けて用いてもさしつかえない．

　普通，物語の地の文章には過去形が用いられるが，お伽話などで，物語の本筋に入る前に，前おきとしてそれまでの事情を説明するのに，よく過去完了形が連続使用される．

（1）　**先時性を表わす過去完了形**

　過去完了形が，過去形で表された事柄に対して，完了せる事柄ないしはそれに先んじて起った事柄を表わすのに用いられることは御承知の通りであるが，この性格を利用して，話の本筋に入るまでの前おきの部分に過去完了形

— 77 —

が連用されることがある.

　　Ein andres Mal *hatte* der Graf einen Ausfall aus der Stadt *gemacht* und den Feinden ihr Vieh *fortgetrieben*. Das Vieh *war* ins Schloß *gebracht* und dutzendweise am Spieß *gebraten worden*.

　　Und nun saßen wieder alle im Schloßhof drunten und aßen wie die Scheunendrescher. Till roch den Braten oben im Turm. … (E. Kästner: *Till Eulenspiegel*)

　　（また或る時，伯爵は町から出撃して敵の家畜をひっさらって来ました．その家畜は城の中へおいこまれ，どっさりと串にさして焼かれました．

　　という次第で，さて皆はまたもや城の中庭に坐って，際限もなくパクついておりました．ティルは上の櫓にいて肉の焼けるにおいをかぎました．)

　もっとも，この種の前おきが全て複合形である過去完了形で長々と述べられねばならないというのではなく，場合によっては，その前おきの最初と最後の部分，または最後の部分だけを過去完了形にし，他は過去形で述べてあっても効果の上で大差はない．

(2) 先時性を表わす現在完了形

　過去形に対する過去完了形とほぼ同じ関係は，現在形と現在完了形の間にもみとめられる．

　一人の青年が映画館の前でいらいらしながらガールフレンドを待っている．

　　Neulich **hat** er sie beim Konzert **kennengelernt**. Sie **hat** ihm sofort **gefallen** und er **hat sich** mit ihr für heute abend um sieben Uhr **verabredet**. Jetzt ist es sechs Minuten nach halb acht. Der Film *hat* sicher schon *angefangen*. Plötzlich sieht er sie auf der Straße. Aber sie ist nicht allein. …

　　つい最近彼はコンサートで彼女と知り合ったのである．彼女は忽ち彼の気に入り，彼は彼女と今晩7時にといって約束しておいた．ところでもう7時半を6分もすぎている．映画はきっともうはじまっている．突然彼は通りに彼女の姿を見る．だが彼女は一人ではない．

　もっとも，常に前おき全部が過去完了形で述べられるわけではなく，一部

4.2. 時　称

分に限られることもある．例えば，E. Wiechert の *Das Mutterherz* という小説は，冒頭の数十行をおいて，次の部分に特に過去完了形が集中している．冒頭は，貧乏な筏乗りの男の，人となりについて語られている．彼は貧困と重労働のためにすっかり身も心もひんまがってしまい，人と行きあっても口もきかず，財布でも落ちていはしないかときょろきょろして歩き，家に帰れば，むっつりとかまどの前に腰をかけて，赤い火のなかに黄金の山が溶けて流れて七色の虹のように光る夢を描いている男である．

（４）　In den ersten Jahren *hatte* die Frau *gelacht* und *gescherzt*, wenn sie den Mann so *hatte* dasitzen *sehen*, und ihn an seinem langen dunklen Bart vom Feuer fortzuziehen *versucht*. Aber dann *war* sie stiller und stiller *geworden*, wie ein Weidenbusch im Nebel und nun, wenn ihr Mann fort war, saß sie oft auf der Schwelle der Hütte, den Kopf in beide Hände gestützt, und weinte leise vor sich hin.　（はじめの数年間は，女房も，亭主がそうしてとぐろをまいているのを見ると，笑ったりからかったりして，彼を火から離そうと彼の長くて濃い髭を引っぱったものであった．だが，それから彼女はだんだんと，霧の中の柳の木立のように静かになってしまい，そして今では，亭主が家を空けると，よく彼女は小屋の敷居の際に座って両手に頭をかかえ，一人さめざめと泣くのであった．）

上の例では，war geworden 以外の過去完了形が，すべて不定時的な事柄を表している点に注意していただきたい．このように過去完了形は，定時的・不定時的な事柄の表現に用いられるが，他の時称形のように普遍的な事柄を表す用法はない．

4.2.5.3.　相対的用法

　過去完了形という物は，既に述べたように原則として，過去形の表す過去の事柄に付随して用いられるべきものであり，先時ないし完了を表わしている．前述したように，お伽話の前おきなどで，単独文や並列的ないし従属的複合文等種々の形で，過去完了形が長々と続けて用いられることもあるが，それらもやはり話の本筋の始まる時点に対して，先時ないし完了を表し，付随的な位置にあるものである．

　ところが，次にあげるような文例では，過去完了形が過去形で述べられて

— 79 —

いる過去の事柄よりも後の出来事を表すのに用いられている．
- （5） Der Räuber sprang mit einem mächtigen Satze zur Seite und *hatte* das Dickicht des Waldes *erreicht*．（盗賊は一跳び傍らに大きく跳びのいたかと思うと，森の茂みへ入ってしまっていた．）
- （6） Der Alte sprach's und *war verschieden*．（老人はそう言ったかと思うと，死んでいた．）
- （7） Sie lehnte sich an seiner Schulter, und *war* gleich *eingeschlafen*．（彼女は彼の肩にもたれかかったかと思うとすぐに眠りこんでいた．）

これらの文では過去完了形が，過去形と同等の独立の資格で用いられている．すなわち，書き換えれば，sprang und erreichte や sprach und verschied ということができ，他の過去形と同じように用いられているのである．表される時点は，先の過去形から多少なりともずれていることは疑いがない．これらの文で，なぜ過去完了形にしているのかは，ただ平静に過去の一連の物語として叙述するよりは，その箇所だけ特に完了の事実性を強調し，話者の立場からの心理的なつながりの意識をもって用いているからといえよう．話者の立場からの完了というと現在完了形であるが，この場合，わざわざ過去完了形が用いられているのは，これらが〈現在〉を時間の基準とせず，最初の過去形で述べられている時に視線を向けて，その観点から述べているものと考えられる．動詞が継続態ならば，現在完了形でも現在の結果・状態に関係なく，過去の行為の表現に用いられるが，上例のような非継続態の動詞の場合，現在完了形では現在の結果・状態という観念がつきまといやすいので，現在から一段距離をおいた時間的位置を明示するためには過去完了形の方が確実なのである．

　なお，過去完了形の代替関係については，既に他の時称形の章で述べたので，ここでは省略する．

　南ドイツの方言では，過去形が消失している影響で，過去完了形の代わりに，いわゆる「**二重書き換え形式**」（または**第Ⅱ現在完了形**）と言われる形（ich habe ... gesehen gehabt）がある．さらに，この形が標準語に同化して発達したもの（ich hatte ... gesehen gehabt **第Ⅱ過去完了形**）も存在する．これらの例証を多数集めた Hauser / Beugel (1972) によれば，第Ⅱ過去完了形は過去形や過去完了形で表される事態と時間的な距離があることの表示，あるいは強調のために用いられる．または，過去形や過去完了形で表される事態

4.2. 時　称

に対して，ある事柄が完了していることの表現のために用いられる．第II現在完了形の方は，過去形の単純な書き換えの類推（hatte＝habe ... gehabt）で，過去完了の表現として用いられている．これらの形式については，Helbig / Buscha (1986) が「相対的用法から派生して絶対的時称として用いられることもあるが，本来このような用法は正しくない」と記述している．Duden (1973) では，Hauser / Beugel の研究成果を取り入れた詳しい記述がみられるが，その1984年版ではほとんど削除されている．種々の記述方法については，4.2.13.章で言及する．

この章を終えるにあたって，これまでに取り扱った四種の時称形が混じり合って出てくる文章を例示する．

理屈の上からいって，現在を基点とする場合は，過去を基点とする場合に比して，利用できる時称形の種類が豊富である．過去形に対して先時性を明示しうる時称形は過去完了形のみであるのに対して，現在形に対しては現在完了形・過去形・過去完了形の3種のものがありうるからで，この例はフリッツが病気にかかって病臥している「今」にいたるまでのいきさつである．

In dem seiner Wohnung gegenüberliegenden Hause, wo sein Freund Wilhelm **wohnt**, war das Scharlachfieber ausgebrochen und, da Fritz allen Warnungen zuwider doch noch zu seinem dort wohnenden Freunde ging, so ist er ebenfalls erkrankt und **liegt** *nun* schwer danieder.

　（フリッツの家の向いの建物に，そこには彼の友人ヴィルヘルムが住んでいるのであるが，猩紅熱がおこっていた．そしてフリッツは，どんなにか言ってきかせられていたにもかかわらず，そこに住んでいる友を訪ねたので，同じように病気にかかってしまい，今うんうんいって臥せっている．）

更にこみ入った事例としては次のような一文がある．

（50年前の事故で鉱山の坑内に生き埋めになっていた青年の遺体が発掘されたが，硫酸塩がしみとおって原形のまま保たれていた．かつてはその青年と結婚するはずであり，今は既に年老いてしまった女性がやって来て，それが自分の許婚の青年であると認めた．）

...; und mehr mit freudigem Entzücken als mit Schmerz *sank* sie auf die geliebte Leiche nieder, und erst als sie sich von einer langen heftigen Bewegung des Gemüts *erholt* hatte, „es *ist* mein Verlobter", *sagte* sie endlich, „um den ich fünfzig Jahre lang *getrauert hatte* und den mich Gott noch einmal sehen *läßt* vor meinem Ende. Acht Tage vor der Hochzeit *ist* er auf die Grube *gegangen* und nimmer *heraufgekommen*", ... ： (J.P. Hebel, *Kalendergeschichten*) （そして悲嘆というよりむしろ喜ばしい歓喜の情をもって彼女は，愛する人の遺体に身を伏せた．そしてようやく長く激しい感動から我に返った時に，〈これは私の約束した人です〉とついに彼女は言った，〈私がその死を50年もの間悲しみ通した人です．その人を神様が私に，私の死ぬ前にもう一度見せてくださった［ている］のです．結婚式の一週間前にこの人は鉱坑へ出かけて行き，そして二度と帰って来ませんでした〉と．）

この例では，彼女の告白に入る前の部分は過去形が地の文であり，その中に現れる過去完了形 sich erholt hatte（我に返った）は完了した状態を表している．告白の部分は，もちろん現在形が地の文であり，その最後に現れる現在完了形 ist gegangen und nimmer heraufgekommen（行ってしまったきりもう二度と帰って来なかった）は話者の立場から切実な感情をこめて過去の出来事を表している．しかし，さらにその前に現れる過去完了形 getrauert hatte（愛惜していた）に注意してほしい．現在ただ今まで50年間愛惜してきたものならば，現在完了形でよいはずである．それが過去完了形になっているのは，その愛惜がその時以前に，すなわち，例えば青年の遺体を目にした瞬間に，一応終止したことを表明するものと解される．このような場合には，現在形と過去完了形という非常にかけ離れた時称形同士が結びうるわけである．もちろん，この過去完了形に用いられた動詞 trauern は継続態であるから，過去形でもかまわない．それでも過去において50年間も継続してきた事柄を表すことはできるのだが，事実性の強調と終始の明示のために過去完了形が用いられたのである．

4.2.6. 直説法未来形

4.2.6.1. 変化形：4.1.3.2.(2)f. 参照

werden の現在形　＋　不定詞

ich	werde,	wir	werden		gehen
du	wirst,	ihr	werdet		kommen
er / es / sie	wird,	sie (Sie)	werden		sehen 等

4.2.6.2. 未来形の由来

　未来形は，助動詞 werden の現在形と本動詞の不定詞とで作られる．この werden は本来の動詞としては〈生ずる，成る〉という意味である．これが助動詞として，一方では他動詞の完了分詞と結合して〈…される〉という受動表現に用いられ，他方では，不定詞と結合して〈…（するものになる）するであろう〉という未来の表現に用いられる．すなわち，

（1）　Er wird weinen. （彼は泣くだろう．）

上の例文はもともと〈泣くようになる〉という意味から来ているのである．

　ところで，未来形というこの複合形式を作る助動詞は，werden に限らず sollen や wollen の方がむしろ歴史的には，より古くから用いられていた．英語では今日でも shall, will を使い分けて未来を表す．ドイツ語では後からおこった werden による形式の方が圧倒的に勢力をのばしたが，方言によっては，**歴史的に古い sollen, wollen による形式**がよく保たれているし，標準語でも，**未来形不定詞の助動詞としては** werden が用いられず，その場合相変わらず wollen や sollen が用いられるのである．

（2）　Er scheint sein Gut verkaufen zu wollen (*werden). （彼は資産を売り払おうとしているらしい．）

（3）　Das Gut scheint verkauft werden zu sollen (*werden). （資産は売り払われようとしているらしい．）

　最近では，このような形式（werden＋不定詞）を時称の一つとするのに疑問をはさむ研究もなされている（→4.2.13.）．

　ドイツ語では，普通の未来の表現に現在形を使用することができる．それ

どころか次の例のように未来の事でも，その実現が確実な場合は未来形は避けられる．
　（４）　*Nächsten Freitag *werde* ich meinen dreißigsten Geburtstag haben.（次の金曜日は私の30歳の誕生日だ．）
そして，次のように現在形を用いるのが普通である．
　（５）　Nächsten Freitag habe ich meinen dreißigsten Geburtstag.

4.2.6.3.　定時的・不定時的・普遍的な事柄の表現

　未来の事柄というものは，文字通り未だ実現していないものであり，未確定・仮定の要素を多分に含んでいる．この意味では，前章までに述べた現在以前の事柄を表す時称形の用法とは別の見方をされねばならない．もちろん未来の事柄でも現在形や現在完了形を用いることができると述べてきたが，その場合には確定的断言的な色彩が濃くなる．これらは心理上の問題である．
　逆に，このいわゆる未来形式を用いているのに，未来という時の観念ではなく，むしろ現在の事柄に関する推測を表す場合がある．この話法的用法については後で言及する．
　このように，未実現の，多少なりとも不確かな要素のまじることは避けられない事柄であるにせよ，〈未来〉に関しても，一定時の実現と不定時的な行為・動作の表現と，超時間的な事柄（普遍的な事柄）の実現といった区別は可能である．
　まず，一定の時に関しては，
　（６）　Die Sonne wird bald *aufgehen*.（太陽がまもなく昇るだろう．）
　（７）　Das Packet *wird* morgen ausgetragen *werden*.（小包は明日配達されるだろう．）
また，不定時的な表現としては，次のような例がある．
　（８）　Er *wird* dir immer mit Rat und Tat *beistehen*.（彼はいつでも助言と実行をもっておまえを助けてくれるだろう．）
　（９）　Wenn du kommst, *wird* dir die Großmutter schöne Märchen *erzählen*.（おまえが来たら，おばあさんがいろいろおもしろいお話をしてくれるだろう．）
上記の例文は，定時的とも不定時的ともいえる．過去に関してならば，接続詞の相違（als が定時的，wenn が不定時的）で区別できるが，未来に関して

はいずれも，wenn を用いる．また，次の例のような単に条件とその帰結を述べるにすぎない場合も，時の定・不定は不明瞭となる．
 (10) Wenn du nicht fleißig bist, so *wirst* du nichts *lernen*.（熱心にやらなければ，おまえは何も覚えられないぞ．）
特に，接続詞 wenn, sobald で導かれる文では，現在形を用いる．
 次のような普遍的な事柄の表現にもこの形式は用いられる．このような文は普遍的・恒常的な表現となり，しばしば格言として使用される．
 (11) Nur der Starke *wird* das Schicksal *zwingen*.（強者のみが運命を克服するであろう．）

4.2.6.4.　相対的用法
 未来の主動作に付随する場合には，未来形は当然，それと同じ未来の事柄を表す．しかし，このような場合，werden を用いる未来形はどちらかというと避けられる傾向にあり，代わりに現在形が用いられることが多い．これについては既に現在形の未来的用法のところで説明したので，ここでは省略する．さらに，論理的時間段階からいうと未来完了形が用いられるべきときにも，完了・終結の意味がさほど重要視されない場合には，非継続態の動詞の未来形をこれに代えることができる．もちろん，この場合も現在形をこれに代えてもかまわない．特に，接続詞 sobald や wenn で導かれる文では現在形の方がよく用いられる．
 (12) Wenn du *kommst* (*kommen wirst*), *wirst* du Wunder *erleben*.（君がやって来れば，不思議なことを体験するだろう．）
 (13) Sobald du etwas *erfährst* (*erfahren wirst*), telegraphiere！（何か情報を得たら，すぐに電報を打て！）
しかし，次のような結果を表す文章では，werden が省略されない．
 (14) Es ist so trocken, daß bald Wassermangel *eintreten wird*.（ずいぶん日照り気味だから，やがて水飢饉が起るだろう．）
また，未来ではなく，推量を表す場合にも，その推量の担い手 werden は省略されることはない．

4.2.6.5.　話法的用法
 未来のことはまだ実現していないという意味で，柔軟性のあるものである．

そのようなものを表現する形式である未来形や未来完了形が，心理的に種々の色づけをされて，推量・疑惑・要求・意思などを表す働きをするのは当然考えられることである．未来形は現在の事柄についての推量も，また，未来完了形は過去の事柄についての推量も表しうる．

　現在の事柄についての推量を表す場合，次の例のように未来形が用いられる．

　　(15)　Er hört mein Klopfen nicht; er *wird* wohl noch *schlafen*.（彼は私の戸をたたくのが聞こえない，きっとまだ眠っているのだろう．）

　　(16)　Das kann nicht sein; du *wirst* dich *irren*.（そんなことはありえない，君は思い違いをしているのだろう．）

もちろん，**未来の事柄についての推量**を表す場合があることはいうまでもない．

　　(17)　Wir werden uns vielleicht in acht Tagen nochmal sehen.（おそらく１週間内にもう一度お目にかかるでしょう．）

　　(18)　Ende dieser Woche wird sie wieder da sein.（今週末には彼女は再び戻っているでしょう．）

さらに，主語が１人称で未来における**積極的な実現の意図**を表す場合がある．いわゆる意志未来的なはたらきをするのである．

　　(19)　Gut! Ich werde mich in meinen Mantel hüllen und ein Schläfchen probieren.（よろしい！　私はマントにくるまり，ほんのちょっと眠ってみよう．）

また，このような意図は，未来に向けられるばかりではなく，次のような現在の事柄に関して態度を表明するのにもこの形式が用いられている．

　　(20)　Ich nehme Ihnen das nicht übel, ich werde doch nicht so dumm sein.（そのことで私はなにもあなたを悪く思ってはいない，私はそんなにばかではありませんよ．）

主として２人称では，実行を予期しての**要求・命令（禁止）・忠告**などを表す．

　　(21)　Du *wirst* den Apfel *schießen* von dem Kopf des Knaben. Ich begehr's und will's.（おまえはあの少年の頭からりんごを射落とすのだ！　私がそれを申しつける．）

主として３人称では，推量を表すことになるのだが，新聞のニュースの次の

4.2. 時　称

ような文は，推量を表しているとは考えられない．これは未来の事柄に対する予告といえる．

(22)　Der Papst *wird* auch die südlichste Insel *besuchen*. （法王は最南の島をも訪問される．）

（注意）　一個の動詞自体の時称変化には，ドイツ語ではいわゆる現在形と過去形の二通りしかないことは既に述べたが，この未来の助動詞として用いられる werden という動詞にも当然現在形と過去形の二通りの変化がある．本来の〈なる〉という意味や，受動の助動詞として用いられる場合には確かに過去形 wurde がある．しかし，未来というものが論理的に現在以後のものである以上，そういう事柄を表すのに用いられる助動詞としては過去形がないのも不思議ではない．ただ，未来形の由来のところで述べたように，この形式がもともと〈…するようになる〉というところから発展してきたものであり，その意味では〈…するようになった〉という werden を過去形にした形式，すなわち er geht → er wird gehen になぞらえて er ging → er wurde （または古形 ward) gehen というものがあり得るはずである．しかし，この形式は早くにすたれてしまって，その代わりに，werden の接続法第II式である würde と不定詞とでそのような**過去における未来**を表す．

(23)　Sie freute sich : er *würde* bald *heimkehren*. （彼女は喜んだ，彼がやがて帰って来るのを．）

ただし，この würde ＋不定詞の形式は，過去よりみた未来というような時間関係を表すというよりは，むしろ話法的に用いられることが多い．次のような仮定の意味での接続法第II式の書き換えに用いられる．4.2.9.を参照．

(24)　Ich *würde* dir das *gestatten*, wenn es zu deinem Vorteile wäre. （もしそれがおまえのためになるのならば，そのことを許してやるところなんだが．）

上の例文のような，接続詞 wenn で導かれる文(wenn の省略された条件文でも)においては，直説法で未来の助動詞として用いられる werden が避けられることを既に述べたが，接続法でもやはり避けられる．

4.2.7. 直説法未来完了形

4.2.7.1. 変化形：4.1.3.2.(3)g. 参照
werden の現在形＋完了不定詞（過去分詞＋sein または haben）

ich	werde	gekommen sein	ich	werde	gesehen haben
du	wirst	gekommen sein	du	wirst	gesehen haben
er / es / sie	wird	gekommen sein	er / es / sie	wird	gesehen haben
wir	werden	gekommen sein	wir	werden	gesehen haben
ihr	werdet	gekommen sein	ihr	werdet	gesehen haben
sie (Sie)	werden	gekommen sein	sie (Sie)	werden	gesehen haben

　未来形・未来完了形はむしろ話法的に用いられることが多い．未来完了形は未来における完了すべき事柄について（未来形は未来の不完了の事柄について），1人称では意志的に，2人称では命令的に，また人称に関係なく推量の表現によく用いられる．
　推量に用いられる時は，未来に限らない．未来完了形は過去ないし現在完了の事柄についての推量を（未来形は現在の不完了の事柄についての推量を）も表す．
　（1）Er *wird* wohl noch *schlafen.*（きっと彼はまだ眠っていることだろう．）
　（2）Du *wirst* mich nun genau *verstanden haben.*（さあこれで私の言うことがよくわかっただろう．）

4.2.7.2. 未来完了形とその省略
　未来完了形は未来の助動詞 werden の現在形と完了不定詞とで作られる．完了不定詞は，gegangen sein, gesehen haben のように，動詞によって sein と haben とを使い分ける．
　過去完了形と同様に，原則として付随的に用いられ，未来の事柄に先立って起こるか，またはその時に完了している事柄を表している．しかし，単独で用いられることもある．その場合は，時間関係を表すというよりは，ある事柄の完了に対する推量・強意・判断など，話法的な意味で用いられている

4.2. 時　称

ことが多い．

　時間上での単なる〈未来完了〉を表す場合，この形式が冗長なため現在完了形などで代用される傾向が強い．しかしながら，現在完了形にすると，未来完了形の文よりも断定的な口調になる．推量などの意味で未来完了形が用いられた場合は，従って省略されない．助動詞の werden がその推量など話法的意味あいの担い手であるからである．しかし，この場合も他の手段（副詞 vielleicht など）でその話法的意味あいが表されるならば，現在完了形などで代用できる．

　形式上の省略なしに，類型的には次のような例がある．
（3）　Ich *werde* diese Arbeit *vollendet haben,* wenn er kommt.　（彼が来る時には，私はこの仕事をやりとげてしまっているだろう．）
（4）　Bis morgen *wird* er es *beendet haben.*　（明日までに彼はそれを済ませてしまっているだろう．）

すなわち，上の文のように未来の規定詞があれば，本来の未来完了の意味であるが，未来の規定がなければ，Er wird es beendet haben. の意味は〈済ませてしまっただろう〉という過去の事柄に対する推量を表すことになるのだ．統計的には，未来完了を表す場合はほとんどなく，話法的に過去の推量を表す方がよく用いられる．すなわち，この形式は，未来完了という時称として数えられるが，実際は，過去を表すものであるという矛盾をかかえている．

4.2.7.3.　現在完了形がこれに替わる場合

　未来完了を表す未来完了形が冗長なため避けられ，その完了の意味を保持すべき場合に，次の例のように現在完了形が代用される．共に用いられた副詞 vielleicht によって全体で話法的意味あいも表されている．未来形がしばしば現在形で代用されることは既に述べたが，この形式の場合も，動作の完了そのものを表すのが主であるならば，未来の助動詞 werden を省いた現在完了形でことが足りるのである．
（5）　Bis morgen *hat* er es vielleicht *beendet.*　（明日までに彼はそれを済ませてしまっているだろう．）

特に，時の接続詞に導かれる副文では，未来の意味がおおむね現在形で表されるが，冗長な未来完了形は一層用いられる率が少なく，現在完了形が代用

される．4.2.4.章を参照していただきたい．
 （6） Ich werde mit dir ausgehen, sobald ich den Brief *geschrieben* habe.（手紙を書いてしまったら，すぐに君と出かけよう．）

例えば〈医者が着くまえに怪我人は出血で死ぬ（死んでしまう）〉という意味の作文で，類型的には次のような幾通りかの組み合わせが考えられる．
 （7） 現在形と未来形（現在形も可）
　　Der Verwundete verblutet, ehe der Arzt eintreffen wird (eintrifft).
　　現在完了形と現在完了形（現在形も可）
　　Der Verwundete ist verblutet, ehe der Arzt eingetroffen ist (eintrifft).
　　未来形と未来形（現在形も可）
　　Der Verwundete wird verbluten, ehe der Arzt eintreffen wird (eintrifft).
　　未来完了形と未来完了形（現在完了形，現在形も可）
　　Der Verwundete *wird verblutet sein*, ehe der Arzt *eingetroffen sein wird* (eingetroffen ist) (eintrifft).

いずれの組み合わせを選択するかは，話者や書き手次第である．しかしこれらの文のいずれにおいても，前半の主文において現在形か未来形か使い分けてニュアンスを出しておけば，後半の副文ではかなり自由になり，全体で簡略化できる．

　さらに，受動の未来完了形になると一層長々となるので，特に用いられることはまれである．4.2.10.を参照していただきたい．

4.2.7.4. 話法的用法

　未来形が現在ないし未来の不完了の事柄についての推量に用いられるのと同様に，未来完了形も未来完了の他に，過去の事柄ないし完了した事柄についての推量を表しうる．この場合前述したように，この話法的な推量の働きの担い手となるものは助動詞 werden であるから，省略できない．すなわち，werden が話法の助動詞の können などと同じような働きをするのである．
 （8） Warum ist Fritz nicht gekommen? Er *wird* den Zug versäumt *haben*.（なぜフリッツは来なかったのか？　おそらく彼は列車に乗り遅れたのだろう．）

4.2. 時　称

（ 9 ）　Ob ich ihn heute sehen kann?――Er *wird* schon nach Tokio *abgereist sein*.（今日私は彼に会うことができようか？　もう彼は東京へ出発してしまっただろう．）

さらに，未来形のところで既に述べたが，次の例文のような積極的に未来における実現の意図を表す場合もある．未来の事柄については，現在完了形で代用される傾向が強いのだが，それでも特にこの形式を用いたのは未来において完了すべき事柄に対する推量を表すことはいうまでもなく，推測からさらに心理上かなり確信的な表現になっているといえよう．

（10）　In einer halben Stunde *werde* ich diesen Brief *geschrieben haben*.（半時間のうちに，私はこの手紙を書き終えましょう．）

未来の助動詞の連続的使用

わずらわしい複合形式の連続的使用はできるだけさけられるべきであるということは，未来形（ないしは未来完了形も含めて werden＋不定詞・完了不定詞の形式）についても通用する．

　　In den Ferien werde ich mit meinem Vater verreisen. Wir werden zuerst unsere Verwandten in München besuchen, dann werden wir in die Alpen fahren und einige Berge besteigen. Wenn ich von dieser Reise zurückgekehrt sein werde, werde ich viel Schönes gesehen haben.

　　Dann werde ich mit neuer Freude an meine Arbeit gehen. (F. Treuheit：前掲書［S.87］)

　　（休暇には私は父と旅に出るでしょう．私達はまずミュンヘンの親類を訪ね，それからアルプスへ行って二，三の山に登るでしょう．この旅から帰ったときには，私は多くの素晴らしいものを見てきていることでしょう．

　　それから私は新しい喜びをもって仕事（勉強）にとりかかるでしょう．）

もともと未来形・未来完了形というのはかなり歴史の浅い形式であって，古くは現在形が未来の表現によく用いられたし，今日でも，上の文を

　　In den Ferien verreise ich mit meinem Vater. Wir besuchen zuerst unsere Verwandten in München, dann fahren wir in die Alpen und besteigen einige Berge. Wenn ich von dieser Reise zurückgekehrt bin, habe ich viel Schönes gesehen. Dann gehe ich mit neuer Freude an meine Arbeit.

のように，現在形と現在完了形にかえても，話者の気持の表現の上で断定的になる傾きはあるが，事柄自体に変わるところはない．

特に長たらしい複合形式である未来完了形というものは，完了せる事柄，過ぎ去った事柄の推量等，話法的な意味あいで用いられるほかは避けられることが多い．殊に wenn など，時の接続詞による従属文中では用いない方がよい．

以上，ドイツ語の（直説法の）時称6形式を，現在形・過去形・現在完了形・過去完了形・未来形・未来完了形の順に具体的に詳述したが，特に，現代ドイツ語では，現在形が融通性を有し，現在のみならず過去にも未来にも幅広く機能していること，それに伴って，完了の助動詞の現在形を用いる現在完了形も多くの機能性を与えられていることがわかる．口語では過去の表現に現在完了形が好んで用いられ，過去形が本来の意味を失いつつある．南ドイツで話される上部ドイツ語では現在完了形で過去を表し，一部の動詞を除き過去形が消失しているといわれる．過去形は過去完了形とともに物語の時称として用いられる．未来形と未来完了形は，時間的な未来を表すというよりも，話法的によく用いられていて，時称形式の中に入れないと主張する研究者がいるほどである．このように，形態と意味内容が1対1でなく，現在形なら現在形が現在の事柄ばかり表すとは限らず，時称は時称，話法は話法というぐあいにはっきりと割り切ってしまうことができないことも，はじめに述べたとおりである．言語は，常に変化してやまない流動体であり，複雑きわまりない有機体なのである．

4.2. 時　　称

4.2.8. その他の延長形式

　南ドイツの方言では，過去形が消失している影響で，過去完了形の代わりに，いわゆる「**二重書き換え形式**」（または**第II現在完了形** Doppelperfekt）と言われる形（ich habe … gesehen gehabt）がある。さらに，この形が標準語に同化して発達したもの（ich hatte … gesehen gehabt **第II過去完了形**）も存在する。これらの例証を多数集めた Hauser / Beugel (1972) によれば，第II過去完了形は過去形や過去完了形で表される事態と時間的な距離があることの表示，あるいは強調のために用いられる。または，過去形や過去完了形で表される事態に対して，ある事柄が完了していることの表現のために用いられる。第II現在完了形の方は，過去形の単純な書き換えの類推（hatte＝habe … gehabt）で，過去完了形として用いられている。これらの形式については，Helbig / Buscha (1986) が「相対的用法から派生して絶対的時称として用いられることもあるが，本来このような用法は正しくない」と記述している。Duden (1973) では，Hauser / Beugel の研究成果を取り入れた詳しい記述がみられるが，その1984年版ではほとんど削除されている。種々の記述方法については，4.2.13.章で言及する。

二重書き換え形式の例
第II現在完了形 Doppelperfekt
　　Der Martin *hat* sich ein Haus *gekauft gehabt*, als ich ihn wiedergesehen habe. (Ballweg, 1988 : 40)
　　（私が再び会った時，あのマルティンは家を一軒購入していた。）
第II過去完了形 Doppelplusquamperfekt
　　Ethel weinte vor Zorn und Enttäuschung … Sie *hatte* sich *vorgenommen gehabt*, all ihre Künste gegen diesen Strom [Name] … spielen zu lassen, aber sein unverschämt kalter Blick hatte sofort ihre Überlegung weggefegt. (Breuer / Dorow, 1996 : 81)
　　（エーテルは怒りと絶望のあまり涙を流した。（…）彼女はこのシュトロームという名の男に対して，それ以前に手練手管の限りを尽くそうと企てていたのだが，すぐに彼の恥知らずなほど冷酷な視線を見て，考えを掃き捨ててしまったのだ。）

動　詞

4.2.9. 接続法の時称

4.2.9.1. 変化形：4.1.3.2.(2)参照

```
             kommen（sein支配・強変化）        kaufen（haben支配・弱変化）
                直説法 接続法                    直説法 接続法
現在形       er （kommt）  komme              （kauft）  kaufe
過去形       er （kam）    käme               （kaufte） kaufte
現在完了形   er （ist）    sei gekommen       （hat）    habe gekauft
過去完了形   er （war）    wäre gekommen      （hatte）  hätte gekauft
未来形       er （wird）   werde kommen       （wird）   werde kaufen
未来完了形   er （wird）   werde gekommen sein（wird）   werde gekauft haben
条件法Ⅰ．   er            würde kommen                 würde kaufen
条件法Ⅱ．   er            würde gekommen sein          würde gekauft haben
```

直説法の時称と接続法の時称の対応

　直説法の時称は6段階で，接続法の時称は4段階で時間（Zeit）を考える．

直説法	時　称		接続法Ⅰ	接続法Ⅱ
er kommt er kauft	現在	現在	er komme er kaufe	er käme er kaufte
er kam er kaufte	過去	過去	er sei gekommen	er wäre gekommen
er ist gekommen er hat gekauft	現在完了		er habe gekauft	er hätte gekauft
er ware gekommen er hatte gekauft	過去完了		［直説法の時間的段階，過去・現在完了・過去完了の区別は接続法においてはなくなる．］	
er wird kommen er wird kaufen	未来	未来	er werde kommen er werde kaufen	er würde kommen er würde kaufen
er wird gekommen sein er wird gekauft haben	未来完了	未来完了	er werde gekommen er werde gekauft haben	er würde gekommen sein er würde gekauft haben

　時称の種類やその数について種々議論のあることは後述するが（→4.2.

— 94 —

4.2. 時　称

13.），根元的には先の26〜29ページの類型表で明らかなように，動詞一語，単一形の変化は現在形と過去形の二つのタイプに限られるという所から出発していることを銘記しておかなければならない．助動詞その他の補助手段も，それ自体ありうる定形，定動詞としての変化はみな現在形か過去形なのであって，歴史的に発展してきた完了形，未来形などという複合形式の中には名称も定まらないものもある．たとえば，上記29ページ下の，

 Jetzt wird er schon gestorben sein.　今はもう彼は亡くなっているであろう．

 Damals wird er schon gestorben gewesen sein.　当時もう彼は亡くなってしまっていたであろう．

の二つの例文のうち前者の時称は未来完了形と呼ばれるが，gestorben と sein の間に gewesen が加わった後者には名がないし，前者でも werden の代わりに müssen や können などの話法の助動詞を用いた形式には時称の地位は認められていない．そして，何よりも，werden 自体を「未来」の助動詞などとは認めず，話法の助動詞の一種とする説も意味の上からは無視できない．それは，その形式が現在や過去の事柄に対する推量に用いられることなどからも当然ありうる議論である．

　そしてこの事は，接続法の時称というものを考えるとき重要な意義をもつ．接続法というのは，本来，推量・期待・疑惑その他もろもろの心理的内容をともなった表現なのであって，たとえば次ページの表の右欄外に矢印で示したように，

 { käme = würde kommen　来ているであろうに
 { kaufte = würde kaufen　買うんだのに

 { wäre gekommen = würde gekommen sein　来ていたであろうに
 { hätte gekauft = würde gekauft haben　買っていたことだろうに

助動詞 werden の役目は，単に非現実的意味の明示ということにすぎず，「未来」などという「時」とは無関係である．直説法や命令法でも意味上の「時間（Zeit）」と文法手段である形態としての「時称（Tempus）」の区別は心すべきことであるが，接続法に限らず，変化形態の名称という外形的なもの Tempus（時称）と，それによって種々表現される意味内容である Zeit（時），英文法でいう tense と time の問題は，ドイツ語を公用語とする地域の学会でも常に論議されることであり，語学教育の面でもそれぞれ異なる立場と手法

動　詞

がありうる．今一般に日本のドイツ語教育で行われている接続法の時称／時制の説明は，Zeit（時）という内容を目安に段階づけたものである．疑惑，仮定的内容等の説明に入る前に，形態上の説明を明確にしておくことが大切だと思われる．

　下にかかげる表も完全なものではないが，4.1.4. の動作態様，アスペクトなどの説明に用いたように，時間の流れを機械的に段階づけて，ここでは上から下への時間の流れとして考えてみれば，接続法の時間的意味は，結局のところ「現前のことか，済んだこと・以前のことか」，「現在か，過去か」くらいの二大別に落ちつくのだと思われる．

　動詞単独の現在形，過去形から始まって完了や未来などの複合形にいたるという授業の順序を目安とする通常の接続法の時称／時制の表の立て方との相違に注意していただきたい．その上で，94・95ページにあるような，通常行われている接続法の説明をあらためて読んでいただきたい．

	直説法	接続法Ⅰ式（現在群）	接続法Ⅱ式（過去群）	
大過去 過去完了	過去完了形 er war gekommen er hatte gekauft	現在完了形の接続法	過去完了形の接続法	先時 完了 [過去]
過　去	過去形 er kam er kaufte	er sei gekommen er habe gekauft	er wäre gekommen er hätte gekauft	
過去 現在完了 (未来完了)	現在完了形 er ist gekommen er hat gekauft			
現　在 (未来)	現在形 er kommt er kauft	現在形の接続法 er komme er kaufe	過去形の接続法 er käme er kaufte	同時 不完了 [現在]
未来完了 完了・過去の推量	未来完了形 er wird gekommen sein er wird gekauft haben	未来完了形の接続法 er werde gekommen sein er werde gekauft haben	第Ⅱ条件法 er würde gekommen sein er würde gekauft haben	先時 完了 [未来完了]
未　来 不完了・現在の推量	未来形 er wird kommen er wird kaufen	未来形の接続法 er werde kommen er werde kaufen	第Ⅰ条件法 er würde kommen er würde kaufen	同時 不完了 [未来]

4.2. 時　称

　これまでに述べた直説法の時称 6 形式は，一般論として過去完了・過去・現在完了・現在・未来完了・未来の時間段階に割り当てられるが，接続法では，現在に先行する三つの段階，すなわち「過去完了・過去・現在完了」に見合う時称形の形式上の区別がなく，「過去」として一つにまとめられ，上の表のように，接続法では三つをまとめた「過去」と現在，未来完了，未来の 4 段階に分けられる．

　接続法の時称形はその 4 段階にそれぞれ第Ⅰ式と第Ⅱ式がある．その 8 種の形を，例えば，強変化動詞 kommen と弱変化動詞 kaufen で表すと上の表のようになる．3 人称・単数・男性 er を主語にしておく．比較のため，直説法の変化形も並べて左欄に示す．

　元来，1 個の動詞単独の変化としては現在形と過去形の 2 種類しかないことは既に述べた．接続法においても，直説法の場合と同じく，元来，単独形は 2 種類しかなく，過去の事柄には過去形が用いられたのだが，今日のドイツ語では接続法の各時称形と実際上の時間とは組み合わせに異同があって，直説法よりも一層大きなずれが認められる．つまり，第Ⅰ式と第Ⅱ式の相違は，現実性があるかないかがその区別の目安になり，上の表のように，直説法の過去完了形・過去形・現在完了形で表現される過去（ないし完了）の事柄に関して，現実性があれば第Ⅰ式の複合形式（助動詞 sein または haben の第Ⅰ式＋過去分詞）が，現実性がなければ第Ⅱ式の複合形式（助動詞 sein または haben の第Ⅱ式＋過去分詞）が用いられる．

　未来完了と未来に関しては，現実性のない表現（第Ⅱ式）の方に，直説法には欠けている形式，すなわち助動詞 werden を接続法第Ⅱ式（過去形の接続法 würde）にした，いわゆる条件法（約束法ともいう）がある．現実性があれば第Ⅰ式の形式が用いられることになるはずであるが，接続法でも直説法と同様に，助動詞 werden のない形式がよく用いられる．

　この助動詞 werden が未来の助動詞として用いられるばかりでなく，むしろ推量など話法的な意味あいを表すことは既に述べた．接続法においても結論部でしばしば，次のように werden を用いた条件法の形が見出される．

（1）　*Hätte* er gestern Zeit *gehabt, so wäre* er *gekommen.*
　　　＝*Hätte* er gestern Zeit *gehabt, so würde* er *gekommen sein.*
　　　（もし昨日時間があったなら，彼は来ていたことでしょうに．）
（2）　Wenn er jetzt Geld *hätte, so kaufte* er das Auto.

＝Wenn er jetzt Geld *hätte*, so *würde* er das Auto *kaufen*.
　　　（もしいま金があるとしたら，彼はその自動車を買うことだろうに．）
　ただし，条件法といっても，この形式は必ずそのような結論部でのみ用いられるとは限らないから，条件法という名称は，実はこの形式の一面しか表していないわけである．例えば，次の例文では，直説法の未来形を用いた直接話法を間接話法にする場合に，werden の直説法と接続法第1式の形が同形の werdet でまぎらわしいということがおこる．そのため，現実性のいかんにかかわらず，接続法であるということが明示される形の würdet にしてしまうことが多い．
　（3）（直接話法で）
　　　„Sie werden das Rätzel dir erklären". （「彼らがおまえに謎をといてくれるだろう．」）
　　　（間接話法で）
　　　Ihr würdet（＝werdet）das Rätzel mir erklären, sagten sie. （君たちが私に謎をといてくれるだろうと，彼らが言ったのだ．）
このような文は，〈彼らが言った〉過去の一時点からみた未来の表現であって，仮定的な条件によるものとはいえない．
　主文と副文の時称形の組み合わせの問題も，接続法が混じると複雑になる．次の例では，安堵を表す接続法（→132ページ，vi）の主文に対して，副文は直説法現在形である．
　（4）So *hätte* ich denn alles getan, was mir zu tun obliegt. （これでやっと，私のなすべきことはすべてなし終えたということになろう．）
　比較文や間接説話の主・副文の時称形は自由に組み合わされる．例えば，次のような主文が過去形の場合，これを現在形や未来形に変えても，副文の接続法の形を変える必要はない．
　（5）Er tat, als ob er traurig *wäre*.
　　　Er tut, als ob er traurig *wäre*.
　　　Er wird tun, als ob er traurig *wäre*.
　　　（彼はまるで悲嘆にくれているようなふりをした／している／するだろう．）
また，〈もし自分が元気なら行くんだが，と彼は書いてよこした（書いている）〉という意味の次の例では，

4.2. 時　称

（6）（主文が過去形）　Er schrieb mir, wenn er gesund *wäre, käme* er.
　　　（主文が現在形）　Er schreibt mir, wenn er gesund *wäre, käme* er.
前者の接続法の形 wäre, käme は，主文の表す過去という時に応じて，話者の現在の立場から見れば，過去の事柄に関する表現となる点に注意しなければならない．時間的基準となる座標が，主文の時称に応じて移動することになる．従って，上の例文中の（主文が過去形）の裏には，話者の発話時から言えば，次のような事情が含まれていたことになる．

（7）Wenn er gesund *gewesen wäre, wäre* er *gekommen*.（彼が元気だったとしたら，来ていただろうに．［つまり：Er konnte nicht kommen, weil er krank war. 病気だったので来ることができなかった．］）

今日の学校文法では，直説法の現在形，過去形という単独時称形から完了や未来の諸複合時称形を教える大体の順序によって，接続法の時称・時制の説明も上から下へ上表のような順序に並べる習慣である．

未来の助動詞 werde, wirst, wird ... を，直説法過去形にした wurde, wurdest, wurde ... kommen / gekommen sein などは直説法には欠けているが，接続法では würde, würdest, würde ... kommen / gekommen sein も用いられる（いわゆる条件法 Konditionalis）．直説法の6時称形式に対して，接続法の形式は8種類にふえるが，それを上表のようにⅠ式，Ⅱ式に分けるので，時間的段階は4段階（現在，過去，未来，未来完了）ということになる．ただしそれも機械的な間接話法の時間の割りつけの上でのことであって，およそ接続法には仮定，憶測，疑惑，推量など心理的要素をこめた表現が多く，特にⅡ式の用法では，käme（現在）＝würde kommen（未来），wäre gekommen（過去）＝würde gekommen sein（未来完了），つまりそれぞれ（来るであろうに），（来ていただろうに）と言った具合に意味の差はなくなり，大雑把にいって「同時のこと／その時のこと」か「それ以前のこと／完了したこと」かの二大別しかないことになる．つまり上記のように，käme は würde kommen と，wäre gekommen は würde gekommen sein と差はないのである．

接続法の用法については　「法（話法・叙法）」の章でも説明するが，仮想的表現として人物の行状を述べるときには，過去形の接続法（Ⅱ式）が用いられ得るという例もある．

直説法現在形で語る文に置きかえれば，würde　sagen は直説法未来形の

wird sagen に相当する．

　　Auch die von euch, die noch in keinem Zirkus waren, werden hoffentlich wissen, was ein Clown ist. …
Und nun stellt euch einmal vor: Ein solcher Clown **ginge** eines schönen Tages aus dem Zirkus fort! … Er **ginge** ganz einfach aus dem Ort hinaus und **wanderte** die Landstraßen entlang und quer durch die rauschenden Wälder, bis er in eine kleine Stadt **käme**. Und dort **stünde** ein dicker Bäckermeister vor der Ladentür. Der **sähe** den Clown des Weges kommen und **würde sagen**: „Nanu, was bist du denn für eine komische Figur?"（E. Kästner: *Till Eulenspiegel*）
（君達のうち，まだサーカスに行ったことのないひとでも，クラウンがどういうものかはきっと知っているだろう．…

　　ところで，まあ一度想像してみてくれ給え．そういったクラウンが一人，とある日サーカスから出ていったとする．…彼は全く無造作にそこをとびだして，街道沿いに，また，ざわめく森をよこぎってぶらついて行き，ついに或る小さな町にやってくる．するとそこに太っちょのパン屋のおやじが一人店先に立っている．彼はそのクラウンがやってくるのを見て言うことだろう，「へええ，お前はまあ一体なんて珍妙ななりをしているんだい」．）

ginge fort / wanderte / käme / stünde / sähe / … würde sagen …
（出て行った／ほっつき歩いた／やって来た／立っていた／見た／言ったであろう　…とせよ，と思いたまえ）．

過去の出来事に限らず，現在や未来，或いはまた想像上の全く架空の事柄でも直説法現在形で述べられることがあるが，仮定・想像の類に関しては，もちろん接続法過去形（II式接続法）も同様に用いられるのである．

4.2.10. 受動態の時称

4.2.10.1. 変化形：4.4.2.2. も参照
助動詞 werden ＋ 過去分詞（完了分詞）

現在形	Der Turm **wird**	gebaut.	（塔が建てられる．）
過去形	Der Turm **wurde**	gebaut.	
現在完了形	Der Turm ist	gebaut **worden**.	
過去完了形	Der Turm war	gebaut **worden**.	
未来形	Der Turm wird	gebaut **werden**.	
未来完了形	Der Turm wird	gebaut **worden** sein.	

　受動態の形式の人称・数・時称・話法はすべて助動詞 werden の変化によってきまる．この場合の過去分詞には前綴りの ge- をつけず，ただの worden である．未来の助動詞としての werden と混同しないようにしなければならない（上表のうち太字体で表してあるのが受動の助動詞である）．

4.2.10.2. 変化形についての説明
　ドイツ語には，個々の動詞変化形態として，能動態以外の態が欠けているので，助動詞を用いた複合形によって受動を表さなければならない．
　同じゲルマン語派でも英語では〈be＋他動詞の過去分詞〉という形式しか用いられない．ただし，ゲルマン語派ではだいたい，werden と sein（もちろん各言語によって語形は異なるが，要するにそれに当たる語）を助動詞とする二通りの受動表現があり，また再帰の語法も受動表現として用いられている．
　ドイツ語では，後に〈werden の現在形または過去形＋過去分詞〉の形式が受動の現在や過去を，そして〈sein の現在形または過去形＋過去分詞〉の形式は受動の現在完了と過去完了を表すようになっていった．すなわち，次のような文は受動の過去を表しているが，
　（1）　Die Stadt München *wurde* im Jahre 1158 *gegründet*. （ミュンヘン市は1158年に基礎を築かれた．）
次の文は，今日ならば上の表の worden という過去分詞のついた現在完了形

と同じ意味を表すものであった：
   （2） Die Kölner Dom *ist* im 14. Jahrhundert *erbaut*.（ケルンの大聖堂は14世紀に建立された。）

ただし，今日ではこの過去分詞 worden の有無によって，動作受動の完了形と状態受動現在形というふうに区別される．次の例ではこれら動作受動の現在完了形と状態受動現在形が用いられている．前者は受動の動作が時間的に完了している表現であり，後者は現在の状態を述べているものである．

   （3） Die Schiffbrüchigen *sind* mit großer Gefahr der Brandung *entrissen worden*, jetzt *sind* sie *gerettet*.（難破した人々は大きな危険を冒して荒磯から助け出された，今や彼らは救われている．）

しかし，この受動の助動詞の過去分詞である worden がしばしば省略されて，昔のようにこの語のない形のままで，動作受動の完了の意味に用いられていることがある．従って，次の文のような場合，動作受動の現在完了とも状態受動の現在とも解されうる：

   （4） Der Dieb *ist* von dem Gerichte zu einem Gefängnisstrafe *verurteilt*.（その泥棒は，司直から禁固刑の判決をうけた／うけている．）

そのいずれであるかは，その場合の文脈により判断されるべきものである．

また，受動の未来形や未来完了形は，未来の助動詞としての werden を併用することになるが，こちらの形式は受動と未来，あるいはまたさらに完了というものを示すために，形式的に助動詞を重ねて用いて複雑になる．このような場合，誤解をまねくおそれがない限り，できれば簡略化することが望ましい．理論上あり得ても，実際にはめったに用いられない形式となる．例えば，受動の未来完了形などは用いられず，状態受動の未来形を代わりに用いる傾向が強い．

   （5） Wenn die Freude *wird beschwichtigt*（*worden*）*sein*, wird wahre Einsicht sich verbreiten.（喜びが静まってしまえば，真の分別が広まるであろう．）

ついでに言えば，状態受動にも完了形がないことはない．例えば，

   （6） Er *ist verhaftet gewesen*, ist aber jetzt freigesprochen.（彼は拘留されていたが，今は放免されている．）

この例文の前半は，状態受動〈Er ist verhaftet.（彼は拘留されている）〉の現在完了形と考えられ，現在の結果状態ではなく，その拘留状態が終結した

ことを表している.

　状態受動には未来完了形の用例はない.

　次の例はドイツ連邦共和国基本法（Grundgesetz）の第146条であるが，将来の予定に関する取り決めを，未来形の代わりに現在形で述べており，最後の...beschlossen worden ist は受動の未来完了形に代わる現在完了形である.

　Artikel 146
　Dieses Grundgesetz verliert seine Gültigkeit an dem Tage, an dem eine Verfassung in Kraft *tritt*, die von dem deutschen Volke in freier Entscheidung *beschlossen worden ist*.
　　Bonn a. Rh., am 23. Mai 1949
　　Dr. Adenauer, Präsident des Parlamentarischen Rates

（第146条
この基本法は，ドイツ国民により，自由な議決で決定された憲法が発布される日にその効力を失う.
　1949年5月23日　ライン河畔ボン
　連邦議会議長　Dr. アデナウアー）

4.2.11. 文体と時称——過去形と現在完了形の使い分けについて

　現在完了形が今日ではしばしば，過去形と意味上の差異なく用いられていることについては既に述べたが，両者の使い分けには種々複雑な問題がある．話者がいずれの形式を用いるか，その選択の要因としては，もちろん両者に内在する意味の相違（内的要因）があげられるが，その他に文体などの要因（外的要因）も大いに関わっているのである．

　現代ドイツ語の時称を論ずる際，常に引用される Weinrich は，文学テクストを詳細に詳細に分析し，過去形と過去完了形を物語の時称と，現在形と現在完了形，未来形，未来完了形を説明の時称とに区別している．ドイツ語では，現在形を用いると，遠い昔の出来事でも眼前に起こっているかのように生き生きと描写できる．それに対して，過去形を用いると，心理的に話者から距離を置いた客観的な描写になり，小説など物語の地の文に，過去形や過

去完了形がよく用いられるのである．このような、いわゆる「発話状況」や，「話者の発話態度」を考慮した時称の解釈は，小説などの物語の地の文に過去形が用いられている中に出現する現在完了形の説明に役立つものである．例えば，Goethe の有名な小説『若きウェルテルの悩み』の最後は過去形の続く叙述から一転して現在完了形で結ばれている．この現在完了形は，主語の行為に対する関係の変化ではなく，語り手の態度表明であるといわれている．

　小説の地の文が過去形でなく，現在形の小説があるが，その場合にも現在完了形で結ばれていることがあり，これも単なる過去表現でなく語り手の態度表明といわれている．例えば，Stefan Zweig の『メリー・スチュアート』(*Maria Stuart*) という伝記があり，これはほぼ全体が直説法現在形を地として語られる作品であるが，第23章（エピローグの手前）の最後の文に現在完了形が用いられている：

（1） Aber er (＝ihr kleiner Lieblingshund) läßt sich nicht fassen und nicht locken, wild springt er die fremden, großen schwarzen Bestien an, die ihn mit dem Blut seiner geliebten Herrin so brennend verwunden. Leidenschaftlicher als alle und besser als ihr Sohn und die Tausende, die ihr Treue geschworen, *hat* dies kleine Tier für seine Herrin *gekämpft*.

（「だが，彼［＝女王の愛犬］は摑まらず，誘いにも乗らず，愛する主人の血で自分をひどく傷つけたこの見知らない大きな黒衣の畜生たちめがけて，あらあらしくとびかかってゆく．あらゆる人，彼女のむすこや彼女に忠誠を誓ったいく千とない人たちよりも熱情的に，かつ立派に，この小さな動物は，その女主人のために戦ったのであった．」）

（古見日嘉訳，［　］内は筆者の注）

　過去形と現在完了形の使い分けについては，上述のような話し手の心的態度のほかに，歴史的事情や方言差，話者の年齢，社会的地位，さらに口調の良さなどの問題も関係する事がある．すなわち，歴史的に見れば，過去形は現在形と同様ゲルマン語に固有の時称であるのに対して，現在完了形（やその他）は合成物であって，もともと過去形の担当していた領域に，後から勢力を伸ばしていったものである．そこで，当然過去形と現在完了形の間には時代，方言によって勢力関係に消長がある．例えば，過去形は標準語では比較的よく保たれているが，南ドイツ（上部ドイツ語）では特に口語において

もはや消滅してしまっている．（英語の -ed：-s などとは異なり）聴覚上，過去形の規則的な語尾（弱変化過去の接尾辞 -te）が3人称の場合，現在形の語尾 (-t) との区別がつきにくく，助動詞と過去分詞とで表す現在完了形の方が明示しやすいこともその原因の一つといわれる．言語全体における分析的傾向もあって，複合形式がよく用いられ，今日では，その影響を受ける地域が広がる傾向にあると言われる．しかし，一般に sein, haben 及び話法の助動詞などは過去形の方が比較的よく用いられる．いわゆる過去現在動詞の場合は，歴史的な習慣のせいであろうが，これらは助動詞として，もう一つの枠構造を形成するため，複雑さを避けるともいわれる．このような過去形と現在完了形の使い分けについて，その選択に関わる要因を整理してみると次のようになると思われる．以下で，これらの項目ごとに，もう少し詳しく使い分けの状況に言及する．

内的要因
　1．内在する意味の相違　2．形式的な文構造の相違　3．動詞自体の類縁

外的要因
　4．話者の心理的発話態度　5．発話状況　6．文体　7．社会的言語層
　8．話者の年齢　9．地域的言語圏　10．音声上の問題

4.2.11.1. 内在する意味の相違

　まず現在完了というものは，本来，現在の結果・状態を示すものである．従って，ある事柄について過去形で述べた場合と現在完了形で述べた場合とでは心理上，観点の置きどころが根本的に異なるわけである．この相違は，いわゆる「現在関連」の有無といわれる．例えば，「誰かが庭を通った」という過去の出来事を過去形で表すと，図Aのように，話者がその場に居合わせた目撃者であり現在完了形で表すと図Bのように，話者が現在に残る足跡から推断していることになる．

A：Jemand kam durch den Garten.　B：Jemand ist durch den Garten gegangen.

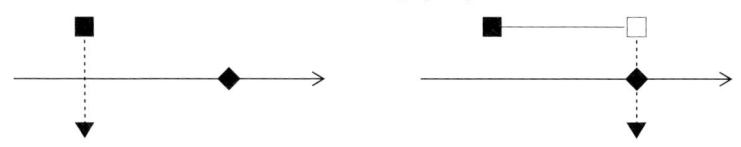

（■は過去の出来事，◆は発話の現在，▼は話者の観察時を表す）

　ただし，英語では，現在完了形が明白に過去の1時点を表す副詞とともに用いられないため，次のような文は非文だが，ドイツ語ではさしつかえないことになっている．
　＊I have seen your brother at the station the day before yersterday.
　（2）　Ich *habe* vorgestern am Bahnhof deinen Bruder *gesehen*.（私は一昨日，駅で君の兄弟に会ったよ.）

この文では，ともに用いられた過去の副詞（vorgestern）によって，観察時が過去の副詞の表す時点に移されている．従って，図Aと同様に，話者の関心は過去の事柄自体にあり，過去形とほとんど同じ時間関係を表すことになるのであるが，助動詞の現在成分や，現在を基準にした副詞によって「現在関連」が聞き手に伝達されうる．

4.2.11.2.　形式的な文構造の相違

　また，例えば，朝早く起きた人が路上の水たまりを見て，「雨が降ったんだな」というとき，現在完了形で „Es hat geregnet!" ということはあっても，過去形で „Es regnete." ということはない．あるとすれば，水たまりの存在は無関係で何か後に話が続く印象が強いという．これは，現在完了形が助動詞と完了分詞で枠を形成するため，他の文に依存しない具体的な完結を感じさせ，要約的であるのに対し，過去形は，述語を列挙し任意に述部を拡大できて過程的であるという差異によるものであろう．このことからも，過去形が物語の時称に適しているといえよう．

4.2.11.3.　動詞自体の類縁

　口語では，話者の現在から過去の事柄を表現するため，現在完了形がよく用いられるが，動詞によっては，過去形の方に出現優位性をもつものがある．

特に，sein の過去形は，過去形が消滅してしまった上部ドイツ語においてもよく保たれている．その他 haben や話法の助動詞，受動態の助動詞及び，sagen などの発言動詞も過去形で比較的よく用いられる．また，kommen, geben 等の動詞が次のような意味に転義されている場合も，過去形でよく用いられる（es kam so；es gab ～）．さらに，過去形でしか出現しない動詞もあるようである．（例 stammen, altertümeln, münden, verlauten）また逆に，過去形の欠けている動詞（例 aussorgen, auskämpfen）や口語的表現（例 Heinz ist für mich gestorben.）もある．

4.2.11.4. 話者の心理的発話態度

　既に述べたように，過去形と現在完了形には「現在関連」という相違があって，同じ過去の出来事の表現でも聞き手に異なる情報が伝わる．また，小説など物語の地の文に現在完了形が出現すると，語り手の態度変化を表すといわれている．即ち，過去形では「物語の時称」として，現在から心理的に距離をおいて記述的に平静に物語られるが，現在完了形では「説明の時称」として，現在と密接な関係を持って主観的に表現される．このような解釈は，物語の開始と結末によく用いられている現在完了形の解釈に有用だが，個人の「感じ方」に依存しているという批判もある．

4.2.11.5. 発話状況

　小説などの書き言葉では，過去形が，口語では現在完了形が優先的に用いられる．ある統計をみると，前者では過去形が89.8％，現在完了形が0.5％で，後者では過去形が42.4％，現在完了形が56.0％となっている．後者で過去形の比率がわりと高いのは，先に述べた動詞自体の類縁によるものと考えられる．また，話者自身の経験でない出来事の表現（主語が3人称の場合）に過去形が選択されやすいともいわれる．

4.2.11.6. 文体

　書き言葉の中でも，文体（ここではテクストの種類の意味）によっては現在完了形が用いられる．例えば，新聞では論説欄は過去形であるが，公式行事や判決・強制執行などのニュースは専ら現在完了形が用いられる．

　（3）　Der jugoslawische Ministerpräsident *ist* zu einem offiziellen

Besuch in Ungarn *eingetroffen*.　ユーゴスラビアの大統領がハンガリーを公式に訪問した．

　また，Goethe の「イフィゲーニエ」の韻文と散文を比べると，韻文には現在完了形を避ける傾向がある．これは，韻律の強制によるばかりではなく，イフェゲーニエのことばに求める品格が，散文的な現在完了形を控えさせ，高尚な過去形を選択させたことにもよるのであろう．このような過去形は〈美的過去〉と呼ばれて，今日の商業用語に頻繁に見出される．例えば，

　（4）　Nie *gab* es ein besseres Markenbenzin！（ガソリン会社の宣伝文：これにまさるガソリンがあったためしなし．）

　　　　Einband und Titel *zeichnete* K.P.Wehmann.（製本上の表示：装丁ならびに表紙は K.P.ヴェーマン画．）

4.2.11.7.　社会的言語圏

　動詞自体に類縁があることは既に述べたが，Latzel（1977:73）によれば現在完了形で現れない動詞にはその他，innewerden, wertschätzen, hohnlächeln, liebedienern, lustwandeln 等も含まれるようである．これらの動詞が現在完了形で現れないのは，その高尚な文体レベルに関係があると思われる．日常会話で現在完了形のみ過去表現に用いる人々には，これら洗練された語彙を使用する機会はなく，講演等においては過去形で使用されることになる．社会的な言語圏に固有の語の流通価値というものも原因としてあげられよう．逆に，口語的な表現には，過去形で表れない決まり切った言い回しがあることも既に述べた．（→4.2.11.3.）

4.2.11.8.　年齢

　通常，統語の概略は3，4歳までに獲得されるといわれるが，過去の表現の時称としてはそれまでに現在完了形しか習得されないようである．すなわち，先に完了分詞だけの形式，次に現在完了形の形式，そして3，4歳を過ぎる頃から過去形を習得していくという，一定の習得順序が認められている．ただし，sein だけは特殊で，満2歳で，〈wa〉，〈wast〉といった過去形が現れるという．従って，過去形の習得年齢に達していない話者は，当然過去形を用いないし，その子供たちを対象とする絵本では，その時称に現在完了形が選択されることもあり，お話を聞かせる人も現在完了形で物語ることにな

4.2. 時　称

る．
　ところが，本来の「物語」の時称としての過去形を知り，学校で過去時称の正しい用法を反復指導されて，彼らは過去形の習得へ導かれていく．しかし，それでもやはり，自身の経験を報告する場合には過去形を避ける．「なぜ過去形を用いないのか」という質問に対して，〈zu hochdeutsch〉，〈komisch〉というような答えが返ってくるという．また，強変化の過去形は覚えにくく，間違った形 (rufte, laufte など) がしばしばある．そのような子供たちも，「よい作文を書くために」徐々に正しい過去形を習得していく．

4.2.11.9. 地域的言語圏
　「物語」では，過去形が選択されるのであるが，次の例では現在完了形で語られている．
　　（5）　In der Ostervakanz sind der Bindinger und die Marie gekommen, weil er jetzt Professor in Regensburg war und nicht mehr hier bei uns. Sie haben ein kleines Kind mitgebracht, ….
　　　　（復活祭の休暇にビンディンガーとマリーがやって来た．彼は今はレーゲンスブルクの教授で，もう此処にはいないのだった．彼等は小さな子供を連れてきた．）
これは，南ドイツの作家 L. Thoma の『ベビー』という作品の一節である．上部ドイツ語では15世紀以来単なる過去形というものが使用されなくなり，16, 7世紀には既に消滅してしまったといわれている．そのため，この地域の者が記憶の中の出来事を述べる場合，現在完了形を使用するが，口語的な物語にもその現在完了形を用いることになるのである．ただし，この例のように sein の過去形 war は使用されることが多い．

4.2.11.10. 音声上（響き）の問題
　語幹に歯音のある弱変化動詞の2人称単数・複数形の過去形は，〈古くさい〉，〈わざとらしい〉，〈現代ドイツ語では使用されない〉と見なされているようである．例えば，
　　（6）　*Hier *badetet* ihr？/ *Warum *verheimlichtest* du's mir？
　　（7）　Hier *habt* ihr *gebadet*？/ Warum *hast* du's mir *verheimlicht*？
また逆に，現在完了形が複合形式で，過去形よりも〈かさばった感じ〉がす

— 109 —

るため，〈Er ist soeben gekommen.〉の代わりに，〈Er *kam* soeben.〉が用いられることもある．話法の助動詞の現在完了形も，この理由で避けられる．逆に複合形式の過去分詞の方を，強調して文頭に置くことのできる現在完了形を優先的に選ぶこともある．例えば次の例では，強調して文頭に出された過去分詞が見出される．

（8） Mir nützt kein Studium mehr, nur noch Arbeit. *Studiert habe* ich, als ich dreizehn, vierzehn war, bis einundzwanzig. （私には学問はもう何の役にも立たず，仕事あるのみだ．学問は13歳，14歳だったときにやった．21になるまで．）

以上のように，過去形と現在完了形の用法には確かに違いがあるが，現代ドイツ語においては交換可能な領域が存在し，一概に同一基準で選択されているとはいえない．対象が空間的・社会的・文体的にも差異のない理想的なものであれば，意味論的対立によってのみ選択が決定されよう．動詞自体に既にいずれか一方が欠けているものもあるぐらいである．しかし，実際の発話での選択には，発話状況・話者の意図など文体上の問題や話者の属する社会的言語圏・地域・年齢など種々の要素が考慮に入れられているはずである．さらに，音声上の問題も生じてくる．これらの事情については，既に Latzel（1977）が詳しく述べている．

4.2.12. 文体と時称――体験話法の時称

過去形（4.2.3.6.章）の説明で言及したように，小説などの文体手段である体験話法（Erlebte Rede）においては，現前の事態を表すのに過去形が用いられる．例えば，

（1） Er fragte den Arzt : *Bin* ich wirklich so schwer krank ?
　　→ ***War*** er wirklich so schwer krank ? （本当に自分は重病なのだろうか？）

この「体験」とは，書き手（送り手）が書き手（送り手）の立場を捨てないで登場人物の身になって，その人物の経験をするという意味である．だから，その人物はあくまで3人称で指されるのである．

4.2. 時　　称

4.2.12.1. 地の文が過去形の場合

　Thomas Mann の小説 *Tonio Kröger* には，主として前半の部分に，この体験話法の手法が数ヵ所見られる。戦後の文法書 Duden でこの手法が取り扱われ始めた頃 (1959年版，Paul Grebe 編，S. 1161) は，同じ作家の小説 *Die Buddenbrooks* から例文を取っていたが，1966年版 (同じく Grebe 編) では，これが *Tonio Kröger* からの引用に代わっている。それはこの作品の第1章の終わりの部分で，学童時代のトニオが級友ハンスと放課後に散策した後の本人の想念を描いたくだりである。ハンスは乗馬をやる活発な少年であるが，その彼に勧めてシラーのドン・カルロスを読ませることが決まった後，トニオはこう思う：

（2）　Hans *würde* „Don Carlos" lesen, und dann *würden* sie etwas miteinander haben, worüber weder Jimmerthal (はじめの頃，„Gimmerthal" とあるがこれは誤り) noch irgendein anderer **mitreden konnte**! Wie gut sie einander *verstanden*! Wer *wußte*, ... vielleicht *brachte* er ihn noch dazu, ebenfalls Verse zu schreiben? ... Nein, nein, das *wollte* er nicht!

これを，トニオの立場に立つ現在形で表せば，次のようになるであろう：

　　Hans *wird* „Don Carlos" lesen, und dann *werden* wir etwas miteinander haben, worüber weder Jimmerthal noch irgendein anderer **mitreden kann**! Wie gut wir einander *verstehen*! Wer *weiß*, ... vielleicht *bringe* ich ihn noch dazu, ebenfalls Verse zu schreiben? ... Nein, nein das will ich nicht.

　　（ハンスは『ドン・カルロス』を読むだろう。そしたら僕たちは，インマータールも他の誰もその話にかかわることのできない何かを共有することになるのだ。どんなにか良く理解しあえることか。ひょっとしたら，彼にも詩を書かせるところまで持ってゆけるかも知れないのだぞ。…いやいや，そんな事までは望まない。）

　ところで，上記 Duden 文法の引用文中の〈mitreden konnte〉という過去形が，同じ Duden 文法の1973年版 (Grebe 編) では〈könnte〉という接続法に変わり，何年もの間そのままになっていた。この箇所は原文ではマン作品のどの版も〈konnte〉という直説法過去形である。おそらく Duden のある版の校正者が錯覚ないしは先入観をもって接続法の〈könnte〉に変えてしまった

— 111 —

のだろう．なぜこんなことがおこったのだろうか．

　ロマンス語の系統，例えばフランス語のように，物語の叙述の地となる過去形とは別の半過去というテンス（時称）のあるものと違って，ゲルマン語では動詞1語のテンスとしては，現在形のタイプの他にただ一つ，過去形のタイプしかない．この単独時称が二種類しかないというのがゲルマン語派の特徴の一つになっている．受動表現を含めて，その他はすべて助動詞に分詞や不定詞をつなぎあわせて種々の複合形を作らなければならない．動詞変化の五つの規定要素（人称・数・時称・法・態）のうち，3人称単数にしぼって，lesen の変化で示すと次のようになる．

	直説法			接続法	
現在形	er	liest	/	lese	
過去形	er	las	/	läse	
現在完了形	er	hat	/	habe	gelesen
過去完了形	er	hatte	/	hätte	gelesen
未来形	er	wird	/	werde	lesen
未来完了形	er	wird	/	werde	gelesen haben
第Ⅰ条件法	er			würde	lesen
第Ⅱ条件法	er			würde	gelesen haben

この表でわかるように，直説法では過去の観点からの未来ないし推量の表現形式である〈*wurde lesen〉，〈*wurde gelesen haben〉は認められていないので，空位となる．いわゆる未来の助動詞 werden に過去形の用法がないからである．すなわち，今問題の体験話法においても，非現実的内容の如何に関わらず，この場合，接続法の形式〈würde〉を借りなければならないのである．従ってこの表では，直説法の時称形式が6種類，接続法の時称形式が8種類となる（→28・29ページ）．

　ドイツ語の小説では，物語の叙述の地の文と，体験話法の文のいずれも同じ過去形を用いなければならないというゲルマン語派の事情で，どこからが登場人物の想念か，語形上の見分けがつきにくい．その中で，トニオの例文の最初のように，この変則的で異様な〈würde〉による複合形が，体験話法のある種独特な指標となる（もちろん，登場人物でなく語り手の立場からの推量的表現も，物語中の時の観点からは同じ〈würde〉による接続法の複合形式でおこなわれる）．このような過去からの未来・推量を表す，いわば常套手段

4.2. 時　　称

である借りものの〈würde〉の存在が，逆に体験話法の助動詞は接続法になって当たり前，という潜在意識を植え付けるのだろうか。トニオの正確な引用〈mitreden konnte〉（直説法過去形）が，Duden 文法で途中の数版，間違って〈mitreden könnte〉（接続法）になっていたのも無理のないことかもしれない（否定の影響を受けた可能性もあるが）。

4.2.12.2. 地の文が現在形の場合

　Arthur Schnitzler は，Thomas Mann よりも先にこの体験話法の手法を存分に用いたことで知られる作家であるが，彼の作品には，過去形に限らず，現在形を地の文とする語りの中で，登場人物の想念を述べるという，いわば「現在形の体験話法」をおこなった箇所が数々ある。*Sterben* という小説は，死の病いにとりつかれた男とその若い恋人との心の葛藤を描いたものだが，余命1年と知らされた彼は，むしろあと数週間，いや数日でも生を満喫し，そして投身自殺をしようと思い，彼女の方も共に死ぬことを承知している。祝祭の夜ザルツブルクのホテルの一室である。

（3）　Auch die letzten Stimmen verklangen endlich vollends, und nun hörte er nur mehr das klagende Rauschen des Flusses. ... Ja, noch ein Paar Tage und Nächte und dann ... Doch sie *lebte* zu gerne. *Würde* sie es ja wagen? Sie *brauchte* aber nichts zu wagen, nicht einmal irgend etwas zu wissen.

　　　In irgend einer Stunde **wird** sie in seinen Armen eingeschlafen sein wie jetzt ... und nicht mehr erwachen. Und wenn er dessen ganz sicher sein **wird**, ... Ja, dann **kann** auch er davon. Aber er **wird** ihr nichts sagen, sie **lebt** zu gerne! Sie **bekäme** Angst vor ihm, und er **muß** am Ende allein ... Entsetzlich! Das beste **wäre**, jetzt gleich ... Sie **schläft** so gut! Ein fester Druck hier am Halse, und es **ist** geschehen. Nein, es **wäre** dumm! Noch **steht** ihm manche Stunde der Seligkeit bevor; er **wird** wissen, welche die letzte zu sein **hat**. Er betrachtete Marie, und ihm war, als hielte er seine schlafende Sklavin in den Armen. ...

この小説 *Sterben* は，森鷗外が訳して『みれん』という題で出版されている（縦書きを横書きに改め，仮名づかいは原文のままにし，ふり仮名は省いてある。

直訳を重ねてつけることは控える．日本語の「〜する／〜した」とドイツ語の現在形／過去形の使い方には，文章の流れにより異なる面もあるが，参考にしていただきたい）．

　（もう二三日で，もう一晩か二晩で好い．それでおしまひにするのだ．併し女はまだ生きてゐたいのだ．思ひ切つてくれるだらうか．なに，何も思ひ切つてくれなくても好い．何も知らずにゐても好い．只その時は，己に抱かれて，今のやうに寝入つて，それからもう醒めないばかりだ．そしてそれをたしかめた上で，自分が遣るのだ．あんなに生きてゐたがるものに，何も前以て知らせるには及ばない．もし餘計な事を知らせたら，己をこはがり出すだらう．さうなると己一人で死ななくてはならない．それは如何にもつらいのだ．事に依つたら今直に実行しようか知ら．あんなに好く寝てゐるのだ．この手に力を入れて，あの頸をうんと抑えれば濟むのだ．併しそれは馬鹿げてゐる．まだ愉快に暮せる時間が幾らか残つてゐるぢやないか．いつ最後の時が打つといふ事が，己には分かるに違ひない．かう思つて男は女の顔を眺めてゐた．そしてその心持ちは生殺の自由になる女の奴隷を掻き抱いてゐるやうであつた．）

このうち〈Ja〉という語から，「そうだ，もう数日ある，そうしたら（死のう）」という体験話法が始まる．そして〈In irgend einer Stunde〉からは現在形を地の文として書かれ，彼自身が3人称の〈er〉で出ている点で，いわば現在形の体験話法といえる．これらは〈Und wenn ich dessen ganz sicher sein werde〉，〈Aber ich werde ihr nichts sagen, …〉，〈noch steht mir manche Stunde der Seligkeit bevor; ich werde wissen, …〉などの直接表現とは区別され，現前の事態は現在形のまま，未来の事は未来形や未来完了形で表されている．これらを〈würde, konnte, lebte, mußte, (wäre), schlief, war geschehen, (wäre), stand, würde, hatte〉に置き換えたら，そのまま直前の過去形による体験話法で書かれた〈Doch sie lebte zu gerne. Würde sie es ja wagen? Sie brauchte aber nichts zu wagen, …〉の続きになる．もちろん現在完了形の箇所〈und es ist geschehen〉は過去完了形〈und es war geschehen〉に置き換えられる．これらの事情については，既に詳しく H. Brinkmann: *Die Deutsche Sprache* (1971; 815) に述べられている．

　動詞 werden が未来でなく，受動の助動詞なら，あるいはまた「成る」という意味の本動詞なら，もちろん接続法の形〈würde〉にならず，直説法のまま

4.2. 時　称

であるから，現在形の体験話法のところを過去形の体験話法に置き換えてみるならば〈wurde〉となる．同じ作品の別の箇所には，次のような表現がある．

　… War es nicht ihr gutes Recht, ihrer Existenz überhaupt nur inne zu werden? Sie war ja gesund, sie war jung, und von überall her, wie aus hundert Quellen auf einmal, rann die Freude des Daseins über sie. So natürlich war das, wie ihr Atem und der Himmel über ihr … und sie will sich dessen schämen? (Sie denkt an Felix.) Wenn ein Wunder geschieht und er gesund *wird*, *wird* sie gewiß mit ihm weiter leben. (Sie denkt seiner mit einem milden, versöhnlichen Schmerz.) Es ist bald Zeit, zu ihm zurückzukehren. Ist es ihm denn nur recht, wenn sie bei ihm ist? Würdigt er denn ihre Zärtlichkeit? Wie herb sind seine Worte! Wie stechend sein Blick! Und sein Kuß! Wie lange nur haben sie einander nicht geküßt! (Sie muß an seine Lippen denken, die nun immer so blaß und trocken sind.)

（自己の存在といふ事を自覚するのが，当然の権利ではないだろうか．自分は健康である．年も若い．千百の泉から一時に人生の喜が流れ出て，自分の上に注ぎ掛かって来るのである．これは自分は呼吸をしてゐるといふ事や天が自分の上に覆つてゐるといふ事と同じやうに自然である．それを恥ぢなくてはならないだらうか．
［マリイはふと病人の事を考へた．］もし奇蹟があつて，あの人が直つたら，自分は無論あの人と一しよに暮すだらう．［あの人の事を思へば，優しい，寛恕して遣りたい悲哀が萌して来る．そして］もうそろそろあの人の側へ歸つて遣らなくてはならない時だらうか［と思ふ．］
　併しあの人はわたしの側にゐて遣るのに満足してゐるだらうか．わたしの優しくして遣るのを，難有く思つてゐるだらうか．なんといふ毒々しい詞使ひをこの頃はするだらう．なんといふ憎々しい目附きでこの頃は見るだらう．それから接吻なんぞはどうしたのだらう．もう接吻といふ事をしなくなつてから大ぶ久しくなつてゐる．［かう思ふと同時に病人の唇の蒼ざめて，いつも乾いてゐるのが思ひ出される．］)

（原文と鷗外訳に勝手に括弧をつけたが，その部分は体験話法の中味ではなく，語り手が説明のために口をはさんだものと考えられる．
この中ほどに出ている二つの〈wird〉は，通常の，過去形が地の体験話法な

— 115 —

ら〈geschah und … gesund **wurde**, **würde** … leben.〉というように置き換えられる事になる．ドイツ人の中にも，あくまで過去形を地とする文章での未来や推量の表現には，接続法の〈würde〉でなく，〈wurde〉を用いるようにするとよいのだがと考える研究者もいる．しかし今日，その形式〈wurde leben〉は文法上認められず，本来正当でない，いわば wurde のダミーとしての würde 形の借用が習慣となっている．

4.2.13. 時称の種々の記述方法について

　少なくとも19世紀初頭からドイツ語の時称の記述には異なる二方向，すなわち六つの時称形式として各用法を記述しようとするものと，例えば，Thieroff（1992）が引用している *Gedicke*（Gymnasialprogramm für 1801）のように，ラテン語文法に即してその相応形式を当てはめ記述しようとするものがあった．もちろん Duden 等の伝統文法では，前者（直説法で，現在形・過去形・現在完了形・過去完了形・未来形・未来完了形）が認められている．その後３番目の可能性として，時称を２グループに分ける記述方法が，Weinrich（1964）によって発表された．

　また，時称の六つという数に対して反論する研究者もいる．彼らは種々の理由で個々の形式を時称から追い出し，「ドイツ語には時称形式はいくつあるのか」という問いの答えが，限りなく０に近づいているのである．しかし，Thieroff（1992）は逆に，特殊な二重書き換え形式も含めて，現代ドイツ語には10形式あるとする．以下では，これら種々の記述方法を紹介したい．

4.2.13.1. 六つの時称形式

　古い時代に遡ってみると，ドイツ語には個々の動詞の語形変化によって表されるものは二通り（現在形と過去形）しかない．動詞の動作態様や副詞的規定によって未来や完了を表せたことは，時称の概略の章（4.2.1.）で述べたとおりである．しかし，時代が下るにつれ，より精密に時を表示するために，助動詞を補助手段とする書き換え形式が生じた．すなわち未来形・現在完了形・過去完了形・未来完了形の四つが加わり，六つの時称形式となったのである．

　これらは，時を現在・過去・未来に３区分し，さらにそれぞれを同時と前

4.2. 時　称

時（または経過と完了）の二つに区分した（表1）のようにまとめて記述できる．

表1　（もっとも普及したシステム）

時	同時（または経過）	—	前時（または完了）
現在	現在形	—	現在完了形
過去	過去形	—	過去完了形
未来	未来形	—	未来完了形

（1）五つの時称形式

　6時称形式の中で最も反論の多いのは未来完了形である．時称としてこの形式に言及しない文法書が多い．Duden文法（1984）では24Texteの統計から全時称形式中たった0.03％しか用いられないという非常に低い頻度の数字を出している．「未来完了」を表す場合に，この回りくどい形式の代わりに，普通は現在完了形が選ばれるからである．

　しかし，次の例（「現在までに会ったか」と聞かれて，まだ会っていないが，現在より後の水曜日には会っていると答えたい場合）のように「未来完了形を現在完了形に置き換えることができない場合がある」ことをThieroff（1992）は指摘して，めったに用いられないからといって，時称形式として認めない理由にならないとする．

（1）　Hast du Hans schon getroffen? —Nein, aber ich *werde* ihn am Mittwoch *gesehen haben*.

（2）　四つの時称形式

　次に反論の多いものは未来形である．werdenは話法の助動詞であり，未来を表すと一般的に言えないとする研究者も多い．それどころか次のように，未来の出来事でもその実現に疑問の余地のない場合は，いわゆる未来形を使えないといわれる．

（2）　*Nächsten Freitag *werde* ich meinen dreißigsten Geburtstag *haben*.

しかし，次のような状況では使えるので，Thieroffはこの形式に「話法的な意味しかないとはいえない」とし，未来形を時称形式に含めている．

（3）　Am Mittwoch kommt Tante Erna, am Donnerstag muß ich den ganzen Tag arbeiten, und nächsten Freitag *werde* ich ［dann, endlich] meinen dreißigsten Geburtstag *haben*.

（4） *In wenigen Minuten werden* wir auf dem Rhein-Main Flughafen *landen*. Ich bitte Sie, das Rauchen einzustellen und sich festzuschnallen.

（3） 三つの時称形式

最近では，完了形を時称として扱うか，アスペクトとして扱うかという問題も出ている．確かに，時称は時間関係を表す文法カテゴリーであり，厳密に言えば，現在形・過去形・未来形の三つだけになる．

しかし，Duden 文法その他でも，概ね完了という構成要素を時称の中に認め，その機能を加えて記述している．

（4） 二つの時称形式

未来と完了を時称から減じてみると，現在形と過去形だけが残り，近代以前の2つの形式となる．一応6形式すべてに言及しているが，定動詞は要するに現在形か過去形なのだから，厳密に言えば，時称も2形式とみなす研究者も多い．

（5） 一つの時称形式

残った2つの形式のうちの現在形に関して，「過去，現在，未来，非時間的叙述にも関係しうるという事実に基づき，現在形を無標とみなし」，「それの意味の空洞化は頂点に達した」（Mugler, 1988. In Thieroff, 1992 : 158）とする研究者もいる．それによれば，過去形だけが唯一の時称形式となるが，さらに，ドイツ語の時称記述の発展的終着点として「無時称」を示唆する．結局，時称研究には時称形式のシステム化などとんでもない話だとする傾向が一方ではあるのである．

（6） 八つの時称形式

Hauser / Beugel (1972) や Latzel (1977) などでは，次の例のような特殊な形式（二重の書き換え）が言及されている．これらは「大過去」や第2現在完了形，第2過去完了形と名付けられているが，口語や方言での，あくまでも特殊例として六つの時称形式にプラスされているにすぎない（4.2.8.章参照）．

（5） Nachdem ich ihn schon *gesehen gehabt habe*, ist er verschwunden.
　　　 Nachdem ich ihn schon *gesehen gehabt hatte*, war er verschwunden.

4.2. 時　称

しかし，口語や方言といえない次のような小説からの例をあげて，Thieroff (1992) は時称形式に含めようとする．

（6）　„In dem Augenblick fühlte er sich am linken Arm ergriffen und zugleich einen sehr heftigen Schmerz. Mignon *hatte* sich *versteckt gehabt*, hatte ihn angefaßt und in den Arm gebissen." (*Wilhelm Meisters Lehrjahre*. S.346 zit. In Thieroff, 1992 : 217)

しかし，この〈versteckt〉を形容詞ととれば過去完了形といえるだろう．

また，Duden 文法の記述は興味深い．その1973年版では，六つの時称形式の記述の後に，「二重書き換え形式」という項目を並べ，これらの形式が詳述されているが，その1984年版では変わって，過去完了形の注の中で言及されているにすぎない．やはり，正式な時称形式として認められていない存在といえるであろう．

4.2.13.2.　九つの時称形式

前節（4.2.13.1.）の表1を見て気付くことは，同時・前時があって後時がないことであろう．この空欄を埋めることができれば理想的と思われる．時称は特定の時点に対する相対的な関係が常に問題であるが，時を3区分し，それぞれに同時・前時・後時の時間関係をかけると9時称形式となる．

これをドイツ語に当てはめたのが次の（表2）である．しかし，〈過去の後時〉と〈未来の後時〉の欄が空欄であるし，〈未来の同時〉の欄と，〈現在の後時〉の欄の両方に未来形が入って重複している．

表2　理想的理論上のシステム（欄は9つある）

出発点	前時	—	同時	—	後時
現在	現在完了形	—	現在形	—	未来形
過去	過去完了形	—	過去形	—	(*würde*+Inf.)
未来	未来完了形	—	未来形	—	

(Tempussysttem des Neuhochdeutschen nach Paul. In Thieroff, 1992 : 49)

この〈過去の後時〉とは，ある過去の時点から「〜するようになった」ということを表す場合であるが，「〜するようになる」という意味の動詞 werden の現在形に「全く純粋な〈未来〉の意味が求められるようになったため，その直説法過去形（wurde+Inf.）が中世の終わり頃より用いられなくなった．

それに代わって接続法過去形（würde＋Inf.）が，過去の立場から未来を表す手段に用いられるようになったのである」（Thieroff. 1992 : 151）．確かに次の例の副文が「過去の立場からの未来」を表しているが，この形式（würde＋Inf.）を，直説法の時称として認めるのは異論のあるところだ．

（7） Man spürte es in den Gliedern, daß das Wetter *umschlagen würde*.

古い文法の時称記述を見ると，ラテン語に対応させて〈過去の後時〉欄に，助動詞の wollen または sollen を用いた形式（例えば，ich wollte / sollte schreiben），〈未来の後時〉の欄にその未来形（例えば，ich werde schreiben wollen / sollen）を入れているものがある．その他，名詞の Begriff を用いた形式（例えば，ich war im Begriff zu schreiben）を入れているものがある．しかし，これらは時称形式として確立しなかったもので，時称と認められない．従って，理想的9形式をドイツ語に当てはめることはできない．

(1) 12の時称形式

さらに，12（＝3＋9）形式が完全だとする研究者もいる．すなわち，時を3区分し絶対的にそれらを表す3形式と，相対的に各区分で，同時・前時・後時を表す形式を足して12となる．しかし，そのようなシステムをもつ言語は存在しないという．これは言語が，「明るい理性ではなく，感情によって生み出された証拠であり」，空欄を助動詞による書き換え等で表そうとしたことについても，「もともとの混沌とした祖語を，多かれ少なかれ，明白に思考された類推に従って秩序付けようと試みた証拠である．」（Thieroff, 1992 : 50）

(2) 七つの時称形式

前述のようなシステムとは別のものを理想だと主張する研究者もいる．次のような，一つの時間線上に配置した七つの時称である．そもそも時間は一次元のもので，現在（A）という時点を分けない．表2のように〈現在の後時〉と〈未来の同時〉も分けない．これで，同じ未来形を重複することがなくなる．過去（B）と未来（C）にはそれぞれの基点（a）と前時（b）と後時（c）があり，合計七つになる．

4.2. 時　称

表3

```
       (b) (a) (c)        (A)         (b) (a) (c)    ……… (時称)
    ___・___・___・_____・_____・___・___・_____→時間線
    過去 (B)            現在 (A)        未来 (C)      …… (時の区分)
```

　この一次元の表では，現在完了形を表せないため，改良の余地があった．次に，動作時点・観察時点・発話時点という新しい三つのパラメーター（**E**: point of the event, **R**: point of the reference, **S**: point of the speech）を導入して改善したのが，Thieroff (1992) によれば，Reichenbach (1947) であった．彼の理論は，その後の時称研究に進歩を与えた．すなわち，時称形式の時間構造を記述できるようにしたのである．例えば，現在形などは次のような時間構造で記述される．

　　現在形：[S, R, E]（SとRとEが重なることを表している）
　　過去形：[E, R−S]（EとRが重なり，Sの前にある）
　　未来形：[S−R, E]（EとRが重なり，Sの後にある）
　　現在完了形：[E−S, R]（EはSの前にあり，SとRが重なる）

これらによって，彼は13の組み合わせを提言したが，しかし実際には，従来からの6形式を当てはめただけであった．結局，理想のシステムから出発してその相応形式を，現実の言語に求めるのは無理なのであろう．

（3）　新しいパラメーターによる六つの時称形式

　この時間構造の記述に加えて，話法的メルクマールと伝達的語用論的メルクマールの組み合わせで，時称の意味ヴァリアンテを記述する文法書がある．例えば，現在形本来の時間構造は，

　　動作時点＝発話時点＝観察時点．[−話法性][＋日常的]

それに対して，その意味ヴァリアンテの一つ〈過去を表す現在形〉の時間構造は，

　　動作時点＝観察時点．観察時点および動作時点は発話時点の前[−話法性][−日常的]（＝は時間的重複を表す）

と表示される（G. ヘルビヒ／J. ブッシャ著『現代ドイツ文法』）．

4.2.13.3.　二つのグループに分けるシステム（8形式と10形式）

　1964年に Weinrich が，ドイツ語だけでなく英語・フランス語その他を視野

に入れた新しいテクスト理論（種々のテクストにおける時称を，話者の発話態度を基に，**説明する時称群1**〈besprochene Welt〉と，**語りの時称群2**〈erzählte Welt〉の二つのグループに分ける説を発表した．それによると，次の表4のように，現在形・現在完了形・未来形・未来完了形が時称群1に，過去形・過去完了形・条件法Ⅰ・条件法Ⅱが時称群2に入る．さらに，それらをパースペクティブの種類で区別する．

表4

	ゼロパースペクティブ	回顧パースペクティブ	予見パースペクティブ
時称群1	現在形	現在完了形	未来形・未来完了形
時称群2	過去形	過去完了形	条件法1・条件法2（würde+Inf.）

　さらに前出のThieroff (1992) は，上記の8形式に〈二重の書き換え形式〉（第二現在完了形と第二過去完了形）を加えて，10形式とする．彼によれば，「直説法として存在する形式を網羅したシステム」であるが，条件法の形式や，二重書き換え形式を含めることに問題があろう．しかし，時称として疑念を挟まれる未来形を入れるなら，条件法も入れるべきであるし，めったに用いられないからといって未来完了形や二重書き換え形式を入れないのは不合理であると主張する．さらに，接続法の同様の表を併記し，最大20形式とする．すなわち，直説法と接続法の両方を視野に入れて時称研究をすすめれば，これまでの空欄を埋めることができるとも主張する．現代ドイツ語に存在するすべての形式を，我々に整理して示してくれるという意味で評価し，ここで紹介しておく．

　論争の後，時称研究は一時避けられていた感があったが，最近では，また体系化の試みとして，細かな網ですくうように多種多様な要素を考慮に入れた用法の分析が行われている．現在形の用法は，多い研究者で実に16もリストアップされている．このようないわば意味のインフレ状態では，とうてい時称の体系化など認めがたく，コンテクストが重要となる．時称形式の表す意味はコンテクストの中で一義化されるのである．

4.3. 法／話法（Modus）(→1.1.3.4.／1.)

「話法」という文法用語は今日よく直接話法（direkte Rede），間接話法（indirekte Rede →1.1.4.）などの Rede の意味に受け取られがちである（Rede は以前は「説話〔たとえば直接説話，間接説話など〕」と訳されていた）．「Modalverb の k͏̈onnen, m͏̈ussen などを何故話法の助動詞というのか」という質問を受けることがあるが，その場合は「話法」というのを上記 Rede だと解して質問しているのであろう．modal とは，この項でいう Modus にかかわるという意味の形容詞で，その Modus とは，客観的事実・事態のほか，命令（禁止）や依頼，願望，意図，仮定，疑惑その他様々の心的内容にわたる叙述のあり方をさす術語であり，「叙法」ともいう．ここでは，上記1.1.3.4.に合わせて**「法」**という用語を立てておく（→本書24ページ）．

ドイツ語の法 Modus には，1巻第Ⅲ部の概念図表および表28・31・33などにも示したように**直説法 Indikativ，接続法 Konjunktiv，命令法 Imperativ** の三種がある．ギリシア語の場合のように，希求法 Optativ というのを別に設ける文法もあるが，ドイツ語では間接話法にも，願望や非現実の表現のためにも，直説法や命令法と区別される「接続法」という一つの変化の体系で済ませ，定動詞が現在形の接続法（Ⅰ式）であるか，過去形の接続法（Ⅱ式）であるかによってⅠ式・Ⅱ式（もとは現在群・過去群といった）に分けている．

未来の助動詞 werden をその接続法Ⅱ式，つまり直説法過去形 wurde に対応する形 würde 等で用いた仮定の推量形式，würde kommen / hören, würde gekommen sein / gehört haben を特に第Ⅰ・第Ⅱ条件法（Konditionalis Ⅰ・Ⅱ）と呼んでいるが，これも接続法の一種である．そして直説法では，これにあたる*wurde kommen や*wurde gekommen sein などのように未来の助動詞を過去形の wurde … にした変化形は用いられていない．

上記，三種の法の形態を現在形 Präsens という時称形 Tempus を例にとって，2人称単数 du の場合で示すと次の如くである（他の時称形を加えた体系の詳細は後述する）．

動　詞

直説法現在形：Du *kommst* mit mir.　君は私と一緒に来る（意味上，場合によっては「…来るのだぞ」という命令口調にもなりうる．→4.3.3.(7)b.)．
接続法現在形（1式現在）：Du hast mir gesagt, du *kommest* mit mir.　私と一緒に来ると君は言ったよ（間接引用の接続法）．
命令法〔現在形〕：*Komm* [du] mit mir！（君，）私と一緒においで（特に指定する場合や強調などのような特殊の表現以外，主語 du は要らない．つける時は接続法を転用した敬称〈Kommen Sie！おいでなさい〉と同様，命令法の定動詞の後に主語をつける．複数の〈Kommt [ihr]…！〉の場合も同様である）．

4.3.1.　直説法（Indikativ）

　前章までにも種々述べたとおり，「直説法」と言っても単なる事実を述べるばかりではなく，このあとの接続法や話法の助動詞の章でも説明するような様々のニュアンスをもった内容も直説法の形で表現する場合がある．
　1人称単数の直説法現在形で，
　　　Ich *komme* bestimmt！（私はきっと来る／行く．）
　　　Ich *treffe* dich an der Kirche.（教会のところで会おう．）
など言うのは意志的表現であるし，2人称直説法現在の
　　　Du *kommst* mit mir.
は，命令口調で言われれば「私と一緒に来るのだ」という要望になる．
　直説法未来形・未来完了形による種々の話法的な（modal）表現は既述のとおりである．後に話法の助動詞の項でも述べるが，そもそも werden を時間的な「未来」の助動詞とせず，話法の助動詞の一つにかぞえる説もある．
　　　Wir *werden* alles *tun*, was wir [zu tun] vermögen.（我々はできることは何でもするつもりだ［意志の表明］．）
　　　Du *wirst* sofort das Haus *verlassen*！（お前はすぐにこの家を出ていくのだ［命令口調］．）
　　　Er *wird* schon dort *angekommen sein*.（彼はもうそこに到着していることだろう［完了の推量］．）
　　　Sie *wird* es *gehört haben*.（彼女はそれを聞いたであろう［過去の事柄

4.3. 法／話法

の推量］.）

　いずれにせよ，直説法が本来的には事実を報告し，現実的な事柄を述べるのを主たる任務とすることは，これまでの説明で確認されるところである．

　なお，これは歴史言語学の古語に関する専門領域の問題であるが，今の wollen は元来希求法の形態を伝えるものであり，他の話法の助動詞や wissen のようないわゆる過去現在動詞（→1.1.4．：Präteritopräsentia）とは素性が異なる．それが今では，新らたに直説法，接続法，命令法の三つの法にわたる活用形をもつわけである．安易なたとえは危険だが，今日，mögen の過去形の接続法（II式現在）で，本来は遠慮勝ちの謙虚な意思表示である möchte（→1.2.21.3.）が，「〜したい」という，普通の希望の表現として用いられていることが連想される．

　また，Schiller の戯曲という文学作品中の表現で，韻律の制限を受けた用法ではあるが，

　　Mit diesem zweiten Pfeil *durchschoß* ich − Euch,
　　Wenn ich … （もし私が…でもしていたら，この二の矢で貴方を射ちぬいていましたよ．）

のように，非現実の表現に直説法過去形が駆使されている例もあり，言語表現には種々の側面がありうることを示している．

　逆に，（体験話法という特殊の文芸学的領域でのことだが）未来の助動詞 werden が würde という接続法の形をとってはいるが，実は，過去形の文脈中の未来表現のときに，wurde という直説法過去形が認められないため，やむを得ずそのダミーとして würde の形が借用されているにすぎず，非現実性など何もなくてその「〜だろう」という表現になるという問題がある．4.2.12．
（1）Th. Mann：*Tonio Kröger* の例文：Hans *würde* Don Carlos *lesen* …
（ハンスは『ドン・カルロス』を読むだろう）を参照していただきたい．

　要するに，文法上の申し合わせで形態的に「〜形」と定められた形とそれを用いて表される意味との兼ね合いの問題として割り切って理解しておかなければならないのであって，上記 Tell のせりふの中の durchschoß は形態は直説法過去形であるが，それが〈hätte durchschossen ないしは würde durchschossen haben〉という接続法形の代わりに用いられているのであり，上記 würde が wurde の代わりに用いられているのと対照的な立場にあると言えよう．

動　　詞

　前記 möchte にしても，それを普段「接続法」だと意識して用いている人が，ドイツ語のネイティヴスピーカーのうちどれ位の割合でいるか，というのが語学上の関心事である．

　なお，次の例文，

　　　Er sieht aus, als ob er krank *wäre*.
　　　Er sieht aus, als ob er krank *ist*.

はいずれも「彼はまるで病気ででもあるかのように見える」という意味であるが，どちらかと言えば，後者の方が本当に病気かも知れないという可能性がより強い表現として，両者は区別され得る．

　これに限らず，接続法は今日ますます使用範囲が狭まる傾向にある．文章語の領域でも今日，接続法はかなり衰退してきているが，特に口語においては，直説法による代用が増えてきている．

4.3.2. 接続法 Konjunktiv（希求法 Optativ）

変化表→4.1.3.2.(1)a./b.

	不定詞	hören 聞く	nennen 名づける	mögen 好む	kommen 来る	werden 成る	haben 持つ	sein ある
現在形の接続法（Ⅰ式現在）	ich —e du —est er —e wir —en ihr —et sie(Sie) —en	höre hörest höre hören höret hören	nenne nennest nenne nennen nennet nennen	möge mögest möge mögen möget mögen	komme kommest komme kommen kommet kommen	werde werdest werde werden werdet werden	habe habest habe haben habet haben	**sei** sei(e)st **sei** seien seiet seien
過去形の接続法（Ⅱ式現在）	ich —e du —est er —e wir —en ihr —et sie(Sie) —en	hörte hörtest hörte hörten hörtet hörten	nennte nenntest nennte nennten nenntet nennten	möchte möchtest möchte möchten möchtet möchten	käme kämest käme kämen kämet kämen	würde würdest würde würden würdet würden	hätte hättest hätte hätten hättet hätten	wäre wärest wäre wären wäret wären

［注1］　接続法現在で不規則な人称変化をするのは sein のみ．
［注2］　規則動詞（弱変化動詞の大部分）のⅡ式現在（接続法過去形）は直説法過去形と同形になる．規則動詞以外のもの（brennen 燃える＞

4.3. 法／話法

brannte, kennen 知る＞kannte 等も含めて，弱変化の過去の接尾辞 -te をとるものは点線以下を接続法の語尾とみなしておく）．

［注 3 ］　不規則動詞の接続法過去形（II式現在）の幹母音で変音しうるものは原則として変音する．wäre（＜war），würde（＜wurde），brächte（＜brachte）．

［注 4 ］　不規則弱変化動詞 brennen, kennen, nennen, rennen, senden, wenden の I 式現在（接続法過去形）は brennte, kennte, nennte, rennte, sendete, wendete である．

［注 5 ］　強変化動詞で接続法過去形の幹母音が ä の代りに ü になるものが若干ある：helfen 助ける＞hülfe（hälfe），stehen 立っている＞stünde（stände），bergen 隠す＞bärge（bürge），werfen 投げる＞würfe．

（ 1 ）　直説法と接続法の時称形

kommen（sein 支配・強変化）　　　　kaufen（haben 支配・弱変化）
　　　　　　　直説法　接続法　　　　　　　　　直説法　接続法

現在形	er	(kommt)	**komme**	,	(hört)	**höre**
過去形	er	(kam)	**käme**	,	(hörte)	**hörte**
現在完了形	er	(ist)	**sei** gekommen	,	(hat)	**habe** gehört
過去完了形	er	(war)	**wäre** gekommen	,	(hatte)	**hätte** gehört
未来形	er	(wird)	**werde** kommen	,	(wird)	**werde** hören
未来完了形	er	(wird)	**werde** gek. sein	,	(wird)	**werde** geh. haben
条件法 I	er		**würde** kommen	,		**würde** hören
条件法 II	er		**würde** gek. sein	,		**würde** geh. haben

（ 2 ）　接続法の時称形 Tempus と時間関係 Zeitverhältnis

　直説法の六時称形に対し，接続法では助動詞 wurde を II 式現在（接続法過去形）にした条件法が二種ふえて八形式である（4.1.3.2.）．その大体の時間的対応関係は以下のとおりである．形態（時称形 Tempus）と欄外に示した種々の時間的意味（実際上の時間関係）に注意のこと．

（ 3 ）　接続法の用法：第 I 式（または現在群；定動詞が接続法現在形）と第 II 式（過去群；定動詞が接続法過去形）との間には，意識の上で，現実的と非現実的という重要な相違がある．

　a.　間接引用の接続法：原則として I 式（現在群）を用い，I 式（現在群）が直説法と同形のとき（単数 1 人称，複数 1・3 人称）は II 式（過去群）

— 127 —

動　詞

	直説法	接続法Ⅰ式(現在群)	接続法Ⅱ式(過去群)	
大過去 過去完了	過去完了形 er war gekommen er hatte gehört	現在完了形の接続法	過去完了形の接続法	先　時 完　了 〔過　去〕
過　去	過去形 er kam er hörte	er sei gekommen	er wäre gekommen	
過　去 現在完了 (未来完了)	現在完了形 er ist gekommen er hat gehört	er habe gehört	er hätte gehört	
現　在 (未来)	現在形 er kommt er hört	現在形の接. er komme er höre	過去形の接. er käme er hörte	同　時 不　完　了 〔現　在〕
未来完了 完了・過去 の推量	未来完了形 er wird gek. sein er wird geh. haben	未来完了形の接. er werde gek. sein er werde geh. haben	第Ⅱ条件法 er würde gek. sein er würde geh. haben	先　時 完　了 〔未来完了〕
未　来 不完了・現 在の推量	未来形 er wird kommen er wird hören	未来形の接. er werde kommen er werde hören	第Ⅰ条件法 er würde kommen er würde hören	同　時 不　完　了 〔未　来〕

を用いる．Er schreibt mir, daß seine Eltern ein Auto gekauft hätten. (haben だと直説法と同形なので)彼は，彼の両親が自動車を一台買ったと書いてよこしている（この場合は，現実的・非現実的の問題は表面に出ない）．

i)　間接話法：接続詞 daß を使用するしないは自由である．用いれば後置法をとる．現代ドイツ語では主・副文の間に，英語の場合のような「時称の一致」は要求されない．

　　　　　直接話法　　　　　　　　　　　間接話法
Er sagt/sagte/hat gesagt その　⇔　Er sagt/sagte/hat gesagt その
他：(彼は言う／言った など)　　　他，
„Ich *war* krank *gewesen*."　　　　daß er krank *gewesen sei*.
(「私は（それ以前に）病気をして　　er *sei* krank *gewesen*.
いた」．)　　　　　　　　　　　　(自分が病気だったと．)
„Ich *war* krank."
(「私は病気だった」．)
„*Ich bin* krank *gewesen*."
(「私は病気をしていた」．)
上記のように，直説法の現在以前の3時称は接続法では現在完了の形

式（単・1，複・1，3では過去完了の形式）一本にしぼられる．

Er sagt：（彼は言う）　　　　　⇔　Er sagt,
„Ich *bin* krank."　　　　　　　　　daß er krank *sei*.
（「私は病気だ」．）　　　　　　　　er *sei* krank.
　　　　　　　　　　　　　　　　　（自分が病気だと．）

Er sagt：（彼は言う）　　　　　⇔　Er sagt,
„Ich *werde* das Buch *lesen*."　　　daß er das Buch *lesen werde*.
（「私はその本を読む（でしょ　　　　er *werde* das Buch *lesen*.
う）」．）　　　　　　　　　　　　（自分がその本を読む（だろう）
　　　　　　　　　　　　　　　　　と．）

ii) いわゆる間接命令文には命令，依頼等要求の度合いによって *sollen* (〜すべきである) または *mögen* (〜してほしい) を用いる．発言者と相手との人間関係によっても左右される．

Er sagt mir：（彼は私に言った）⇔　Er sagt mir,
„*Lies* weiter！"　　　　　　　　　ich *solle*（*möge*）weiter *lesen*.
（「先を読みなさい」．）　　　　　　（先を読むようにと．）

Er sagt mir：（彼は私に言った）⇔　Er sagt mir,
„*Lesen* Sie bitte weiter！"　　　　ich *möge* weiter *lesen*.
（「どうぞ先をお読みください」．）　daß ich … *solle*（*möge*）
　　　　　　　　　　　　　　　　　（先を読んで頂きたいと．）

話の内容に疑念のある場合は，後に述べる c)の非現実の接続法（定動詞が接続法Ⅱ式［過去形の接続法］）を用いる．

　　Er sagt/sagte/hat gesagt, er *wäre* krank.　（自分は病気だなど
　　　と言う／言った．）

iii) 間接疑問文（疑問詞のある文とない文とで間接話法の形式が異なる．）疑問詞のないものでは ob（英 if）を用いる．

Ich fragte ihn：（私は彼にきい　⇔　Ich fragte ihn,
た）
„Was *haben* Sie *gelesen*？"　　　was er *gelesen habe*.
（「何をお読みになりましたか」．）　（彼が何を読んだか．）

動　詞

„*Haben* Sie das Buch *gelesen*?"　　*ob* er das Buch *gelesen habe*.
(「その本をお読みになりました　　（その本を読んだかどうか．）
か」．)

［注］　直接話法でもⅡ式（過去群）の用いられているものは間接話法でもそのまま用いる．

Er sagt mir：（彼は私に言う）　⇔　Er sagt mir,
„Wenn ich Zeit hätte, (so) 　　wenn er Zeit hätte, (so) ginge
ginge ich."　　　　　　　　　　er.
(「ひまがあれば私は行くんだが」　（ひまがあれば自分は行くんだ
と．）　　　　　　　　　　　　　がと．）

iv)　その他の引用：思考・想像・主張・願望・懸念等（名詞にかかることもある）

Sie glaubten, *er sei gestorben*.　（彼等は彼が死んだと思っていた．）

Die Antwort, daß *er komme*.　（彼が来るという回答．）

b.　**要求（希求・願望）の接続法**：原則として第Ⅰ式（現在群）を用いる．

i)　命令・願望・実現の可能性の多い願望

Kommen Sie herein!　（どうぞお入りください．）

Schlafen Sie wohl!　（［よく］おやすみなさい．）

Der Mensch *versuche* die Götter nicht!　（人間は神々を試したりするものではない．）

Möge er doch gesund bleiben.　（どうか彼がいつまでも元気でいてくれますように．）

これらの用法では強意のためにさかんに倒置法が行われる．また wollen, lassen の接続法や lassen の命令法を用いることもある．

Eilen wir!／*Wollen* wir *eilen*!／*Lassen* Sie (*Laß*／*Laßt*) uns *eilen*!
（急ごう！／急ごうではないか！）等（Laß は命令法単数，Laßt は複数）

ii)　認容：mögen の直説法も同様のはたらきをする．（副文が前へ出ても後の主文の配語法に影響しない）

So schön sie auch *sei*, ihre Mutter war noch schöner.　（彼女がどんなに美しいとしても，彼女の母はもっと美しかった．）

Er *sage* (mag sagen), was er *wolle*(will), ich werde ihm nie glauben. （彼が何を言おうとも，私は決して信用しないであろう．）

iii) 目的：damit, auf daß, daß など目的を表す従属的接続詞による副文中で．

Der Vater gab seinem Sohn Geld, damit er sich einen Anzug *kaufe*. （父親は息子に，彼が服を買うようにと金を与えた．）

c. **非現実の接続法**：第 II 式（過去群）を用いる．

i) 仮定的条件と結論：結論部には第 I，第 II 条件法がよく用いられる．
Wenn ich gesund *wäre,* (so) *ginge* ich (*od*. *würde* ich *gehen*).
（もし私が元気なら，行くんだがなあ．［現在の仮定］）
Hätte ich Zeit *gehabt, wäre* ich *gekommen* (*od*. *würde* ich *gekommen sein*). （もし暇があったら，私は来てたんだがなあ．［過去の仮定］）
条件が他の語句で表されていることもある：
Ohne dich *würde* ich *verloren haben*. （君がいなければ私は負けていただろう．）

ii) 仮定的認容と帰結：副文が前に出ても主文の配語法に影響しない．
Und wenn du mir goldene Berge *gäbest,* das *würde* ich nicht *tun* (*od*. das *täte* ich nicht). （たとえ君が私に黄金の山をくれたとしても，私はそんなことをすまい．）

iii) 仮定的比較：als ob, als wenn, wie wenn などの接続詞を用いた副文において．als のみの場合は倒置法をとる（原則として II 式〔過去群〕を用いるが，I 式〔現在群〕や直説法を用いることもある）．
Sie sieht aus, als ob sie krank *wäre* (*od*. als *wäre* sie krank).
（彼女はまるで病気であるかのようにみえる［主文に対する同時性の表現］．）
Es schien, wie wenn sie *geweint hätte*. （彼女はまるで，それまで泣いていたかのような様子だった［主文に対する先時性の表現］．）

iv) 願望（実現不可能）：従属接続詞 wenn, daß などを用いることもある．
Wäre ich doch bei dir！／Wenn ich doch bei dir *wäre*！（私がお前

のそばにいればなあ．）

v) 外交的（控え目の）表現：直説法でもよいところを，謙遜の気持ちを込めて述べる場合である．dürfte, könnte, möchte などがよく用いられる．

Ich hätte eine Bitte an Sie.（あなたに一つお願いがあるのですが．）

Es *könnte* schon Mittag *sein*.（もうお昼かもしれません［kann に対して］．）

ただし möchte は ich möchte … の形で，格別謙遜の意思なしに普通の希望の表現としてもよく用いられる（英 I would like to 〜）．

Ich *möchte* schwimmen *lernen*.（私は泳ぎが習いたい．）

vi) 安堵・喜びの表現

Da *wären* wir endlich!（とうとう我々は着いたぞ．）

So *hätte* ich denn alles *getan*, was mir zu tun obliegt.（さてこれで，なすべき責務は全部はたしたことになるなあ．）

vii) 疑惑の表現：sollte … という形式もよく用いられる．

Dies *wäre* dein Bruder?（これが君の兄さん／弟だって．）

Sollte Anna das *getan haben*?（アンナがそれをやったんだって．）

viii) 否定の主文にかかる副文や ohne daß, zu … als daß に導かれる副文において

Niemand ist so weise, daß er alles *wüßte*.（何でも彼でも知っているというほど賢い人など誰もいはしない．）

Er ist zu jung, als daß er dies *verstehen könnte*.（これが理解できるには，彼はあまりにも若すぎる［彼はあまりにも若すぎるからこれが理解できない］．）

d) 過去形の主文につながる damit の副文中などで，その影響を受けて過去形の接続法（II式）が用いられることがある．はじめの文では副文中の否定要素 nicht の関与もある．

Er eilte, damit er nicht zu spät *käme*.（おくれないように彼は急いだ．）

Sie erzählte dem Kind ein Märchen, damit es schneller *einschliefe*.（彼女は子供がはやく寝てくれるようにと，お話をして聞かせた．）

4.3. 法／話法

4.3.3. 命令法（Imperativ）

「命令」とその否定表現「禁止」とは裏腹の関係にあり，禁止は nicht, nie …, kein その他の否定詞によって行われる．なお，命令的表現には，命令法という形態のほかにも，後に述べるような種々の語法が用いられるが，まず始めに，第1巻198・199ページの概念図や208〜210ページの変化表で示した命令法と呼ぶ形態とその用法から述べる．ただし敬称といって，大文字の Sie を主語としてつける語法は，接続法現在形（Ⅰ式現在）による願望・要求の表現（→4.3.2.b.）から来ているので，本来の命令法形のように格別強調や指定の必要がなければ主語の代名詞を出さないでよいのと違って，必ず Sie を後に伴う．つまり，文型としては定動詞が主語より先に出るという倒置法が習慣である．また勧奨法（Adhortativ）といって，接続法現在形（Ⅰ式現在）1人称複数の倒置による

　　Gehen wir zu Fuß！　歩いて行こうではないか．

　　Wollen wir *ausgehen*！　外出しようではないか．

のような語法を命令文としてあげることもある（話法の助動詞等による命令表現については後述する）．

(1) 命令法の変化

　単数 -e [du]，複数 -t [ihr]，敬称 -en Sie（主語 du, ihr は通常不要であるが，特別の指定や強調などのために用いる場合はこれも Sie と同様，定動詞の後につける習慣である）．

不定詞	（直・現・単2）		命令法単数形(du)	複数形(ihr)	接続法現在形＋Sie（Ⅰ式現在）
sagen	(sagst)	言う	sage	sagt	sagen Sie
legen	(legst)	置く	lege	legt	legen Sie
hören	(hörst)	聞く	höre	hört	hören Sie
kommen	(kommst)	来る	komm	kommt	kommen Sie
sprechen	(sprichst)	話す	sprich	sprecht	sprechen Sie
sehen	(siehst)	見る	sieh[e]	seht	sehen Sie
gehen	(gehst)	行く	geh[e]	geht	gehen Sie
sein	(bist)	ある	sei	seid	seien Sie

— 133 —

動　詞

haben	(hast)	持つ	habe	habt	haben Sie
werden	(wirst)	成る	*werde*	werdet	werden Sie
vortreten	(trittst vor)	進み出る	tritt vor	tretet vor	treten Sie vor
hereinkommen	(kommst herein)	入ってくる	komm herein	kommt herein	kommen Sie herein

　命令法というのも現在形 (Präsens) の変化の一種であり，強変化動詞の中には直説法・現在・単数 2，3 人称と同様に命令法単数で

sprechen 話す	du sprichst	er spricht	—	*sprich* 話せ
sehen 見る	du siehst	er sieht	—	*sieh*[*e*] 見よ
helfen 助ける	du hilfst	er hilft	—	*hilf* 助けよ
(gebären 生む	du gebierst	sie gebiert	—	*gebier* 生め)

のように不定詞と異なる母音をとるものがある．e から i, ie と母音を変ずるものが主であるが，gebären のように変母音等から i, ie に変るものも若干ある（ただしこれは古形であって，通常 *gebäre* が用いられる）．

　以下，短母音の綴り i －長母音の綴り ie の分類と，母音交替 e － a － e, e － a － o, e － o － o の関連での分類とで，動詞の語例が重複することをことわっておく．

a. 短母音の場合

bergen かくまう　　du birgst　　er birgt　　　　*birg* かくせ
bersten 割れる　*birst*　brechen 割る／割れる　*brich*　dreschen 脱穀する
drisch　erschrecken 驚く　*erschrick*　essen 食べる　*iss*　fechten 闘う
ficht　flechten 編む　*flicht*　fressen 喰う　*friss*　geben 与える　*gib*
gelten 値する　*gilt*　quellen 湧き出る　*quill*　schelten 叱る　*schilt*
schmelzen 溶ける　*schmilz*　sprechen 話す　*sprich*　stechen 刺す　*stich*
stecken ささっている　(*stick*) *steck*[*e*]　sterben 死ぬ　*stirb*　treffen 当たる　*triff*　treten 歩む　tritt　verderben 腐る　*verdirb*　vergessen 忘れる
vergiss　werben 宣伝する　*wirb*　werfen 投げる　*wirf*

b. 長母音の場合

befehlen 命令する　　du befielst　　er befiehlt　　*befiehl* 命令せよ
empfehlen 推薦する　*empfiehl*　lesen 読む　*lies*　sehen 見る　*sieh*[*e*]
stehlen 盗む　*stiehl*

4.3. 法／話法

（ただし werden〈成る〉の場合は du wirst, er wird であるのに対して，命令法単数は不定詞の幹母音と同じままで werde という形をとる．）

gebären 生む　　　　du gebierst　　sie gebiert　　　(*gebier*) *gebäre* 生め

löschen 消える　*lisch*　erlöschen 消える　*erlisch*　verlöschen 消す　*ver-lisch*

hängen 懸ける　　　du hängst　　er hängt　　　*hänge* 懸けよ

　口頭ではアクセントで，書く場合には原則として強調符（！）を文末につけて命令の意を明示する．

　　Sprich / Sprecht / Sprechen Sie (bitte) lauter!（どうか）もっと大きい声で話して下さい．

　　Komm / Kommt / Kommen Sie (bitte) herein!（どうぞ）入って下さい．

bitte（どうぞ＜bitten 頼む，願う）の取捨は状況と心理状態による．なお前記，du や ihr を特別の指定や強調などのためにつける例は次のようなものである．

　　Geh du diesmal!　今度は君が行け．

　　Geht ihr an die Arbeit!　みんな（お前たち）仕事にかかれ．

du, ihr 呼ばわりの口調で話すか(duzen, ihrzen), Sie による敬語で話すか(siezen) は身分の上下ではなく，相手との関係の親疎次第である．たとえば神や親に対してでも duzen でよく，逆に，連隊長や社長が部下に対して siezen するのも普通の言葉づかいであり，命令の語法もそれに準ずる．

　命令表現が簡潔を旨とするのは当然のことであるが，事によっては，次のように人称代名詞以外のものが主語として立つ場合もある．

　　Sieh mal *einer* an!　あれまあ．おやおや，これはどうしたこと（誰でもいい，まあ見てご覧よ．einer は不定代名詞で本来 3 人称単数であるが，du に準じて不特定者を呼んだものである．分離動詞 ansehen の命令形）．

　なお，本書28ページ（および第 1 巻Ⅲ部 表28, 表31）にも示したとおり，命令法の形態で用いられるのは普通単独の現在形であるが，複合時称である現在完了形の命令法もありうる．同所に例示した

　　kommen（来る）による　*Sei gekommen*!（来ておれ．）

— 135 —

hören（聞く）による *Habe gehört*！（聞いておけ／聞いてしまえ．）
などは用例としては奇妙かもしれないが，文語的表現で

　　Habe nie umsonst *gelebt*！（人生を無為に過ごしてしまうな．）
というのは Goethe が実際に用いた命令法の現在完了形である．

　その他，次のような，再帰動詞による同様の完了表現もある．

　　Habt Euch vorher wohl *präpariert*, Paragraphos wohl *einstudiert*！
　　（あらかじめよく準備し，項目をよく理解しておきなさい．）—Goethe.
　　(sich [auf/für etwas] präparieren と einstudieren の命令法・複数・現在完了形．Euch は再帰代名詞的に用いられた [Ihr] の4格で，Sie と同様に大文字で書かれる敬称の一種)．

(なお，古い時代のギリシア語には現在の他に，不定過去と呼ばれるアオリスト Aorist や，現在完了の受動形があったし，ラテン語には，定動詞一語の変化形で命令法未来形というのもあり得たのであるが，ドイツ語では定動詞を命令法や接続法のⅠ式現在 (Sie の場合Ⅰ式現在) にした形態だけが，現前の事柄について，ないしは未来の時を見越して命令に用いられる．上記，現在完了形の命令法でも定形変化している完了の助動詞は habe, habt という現在形である．)

（2）　2人称単数 du に対する命令法単数形

　原則として語幹＋e であるが，この -e は（特に口語では）よく省かれる．弱変化動詞の命令法は -e をつけるのが原則である．ただし，口調や韻律などで省かれることもある．

　　Lege die Bücher auf den Tisch！（その書籍を机の上に置きなさい．）
　　Sag mir's immer wieder, *sag*, daß du mich liebst！（何度も私を愛すると言って頂戴．）

不定詞が -eln, -ern, -nen などでおわるものは必ず -e をつける．その際，-el, -er の e は省くことがある：samm(e)le！ wand(e)re！ zeichne！ rechne！

　強変化動詞では，よほどあらたまったとき以外は -e をつけない．

　　Komm heraus！（出て来い．）
　　Schlaf gut！（よくおやすみ．）

この場合も，たとえば子守歌などで韻律により左右される例はある．

　　Schlafe, mein Prinzchen, schlaf ein！（おやすみ，私の可愛い坊や［王子］，おやすみなさい．）

4.3. 法／話法

　特に直説法・現在・単数・2，3人称で幹母音がeからi, ie に変るもの (helfen 助力する＞hilfst, sprechen 話す＞sprichst, treten 歩む＞trittst, lesen 読む＞lies[es]t, sehen 見る＞siehst など) は，この，現在形の一種である命令法でも i, ie となり(ただし werden は例外で幹母音は変らない)，語尾の -e は原則として省かれる：hilf! sprich! tritt! lies! sieh!

　　Hilf dir selbst, so hilft dir Gott! (汝自身を助けよ，そうすれば神が汝を助けてくださる．)

　　Sieh Neapel, und dann *stirb*! (ナポリを見てから死ね［ラテン語からの各国語訳がある］．)

*Vergiß*meinnicht 忘れな草という草花の名前にも此の変化形が現れている (＜vergessen 忘れる．mein は 2 格 meiner〔私のことを〕の古形)．

　sehen には sieh, siehe の両形があるが，後者，siehe という語尾つきの形は，たとえば書物の中で, siehe unten!(下記参照．略 s. u.), Zu ～ siehe…! (～については…を見よ) というような改まった言い方である．

　また，treten → tritt!　nehmen 取る→ nimm!　など子音綴字の用法にも注意せよ．これは子音の音量が変ったのではなく，前の母音が短母音であることを表記しているのである．

　命令法単数で幹母音 i / ie をとるこれらの動詞は，その大部分が, 三基本形で e―a―e, e―a―o ないし e―o―o およびその何れかの長音という幹母音の交替を示すものである(第1巻．III部．表48～50．母音交替 Ablaut に関しては母音の長・短ということも問題になる→134～135ページ)．

(e―a―e の例)

	直・現・単2	命・単			
geben 与える	gibst	gib!	― a	― e
essen 食べる	ißt	iß!	― a	― e
fressen 喰らう	frißt	friß!	― a	― e
sehen 見る	siehst	sieh[e]!	― a	― e
messen 測る	mißt	miß!	― a	― e
lesen 読む	lies[es]t	lies!	― a	― e
vergessen 忘れる	vergißt	vergiß!	― a	― e
treten 進む	trittst	tritt!	― a	― e

動　　詞

(**e—a—o** の例)

	直・現・単2	命・単		
brechen 破れる	brichst	brich！	— a	— o
helfen 助力する	hilfst	hilf！	— a	— o
sprechen 話す	sprichst	sprich！	— a	— o
sterben 死ぬ	stirbst	stirb！	— a	— o
befehlen 命じる	befiehlst	befiehl！	— a	— o
nehmen 取る	nimmst	nimm！	— a	— o

その他，主なもの：gelten 通用する，schelten 叱る，erschrecken 驚く，stechen 刺す，treffen 当る，verderben だめになる，werben 求める，werfen 投げる，empfehlen 勧める，stehlen 盗む　等

(**e—o—o** の例)

	直・現・単2	命・単		
dreschen 脱穀する	drischst	drisch！	— o	— o
fechten 闘う	fichtst	ficht！	— o	— o
flechten 編む	flichtst	flicht！	— o	— o
quellen 涌き出る	quilltst	（まれ quill！）	— o	— o
schmelzen 溶ける	schmilzt	（まれ schmilz！）	— o	— o
schwellen ふくらむ	schwillst	schwill！	— o	— o

(その他 gebären 産む，scheren 刈る，erlöschen 消える，など歴史的にこれらと関係のある例も若干存在するが詳細は省略する．)

(直説法・現在・2，3人称・単数でウムラウトをおこす fangen(fängst, fängt) 捕らえる，laden 積む／招く，raten 忠告する　その他の動詞があるが，これらのものは単数・命令形でも幹母音に変りがなく，その点で上記のものと事情が異なる．)

(3)　2人称複数 ihr に対する命令法複数形

　不定詞の語幹＋(e)t であるが，このeは発音の都合や，文章の格調の差（文語・口語の違い）などで取捨選択される．単数の場合のような動詞の強・弱による異同はない．

　　Seht das！（あれを見ろ．）
　　Wartet hier！（ここで待て．）

発音の都合上必ず語尾のeをつける場合：*sendet*！（送れ．）／*tretet*！（歩

— 138 —

4.3. 法／話法

め．）／*wartet*！（待て．）／*öffnet*！（開け．）　等．

　So *gebet* dem Kaiser, was des Kaisers ist, und Gott, was Gottes ist !
　　（それならば［汝等］皇帝のものは皇帝に，神のものは神にあたえよ［マルコ12，17］．）

　なお，特に sein は本章はじめの表にあげたように seid（単数は sei）と変化する．

　　Seid gegrüßt！（ようこそ［あなた方は挨拶されてあれ］．）

　受動の命令文には上記のように助動詞 sein による状態受動の形がよく用いられるが，文章語では werden による受動態の命令もある．

（4）　敬称 Sie の場合

　接続法現在形（Ⅰ式現在：Sie に対する変化は，sein が seien という形になる以外，全て不定詞と同形の3人称複数形）による要求話法を用いる．主語の人称代名詞 Sie を必ずつけるが，倒置法をとる．単数（あなた）・複数（あなた方）共通である．直説法による疑問文と違って，この要求・命令の語法では動詞の方に強いアクセントを置く．

　これら命令表現の場合は特に，アクセントや文のイントネーションが問題になる．アクセントについて言えば，たとえば

　　kommen｜Sie｜morgen｜wieder

という一連の語が「明日またおいでなさい」という意味に受け取れるのは，

　　Kómmen Sie morgen wieder！

のように kommen にアクセントのある場合であり，逆に主語 Sie をアクセント強く発音すれば，「明日またいらっしゃいますか」という疑問の表現になり，通常，文の抑揚もしり上りになる（前者は接続法現在形〔Ⅰ式現在〕kommen による要求の語法・命令文であり，後者は，定動詞としての形は同じでも，直説法現在形〔3人称複数形を流用した〕kommen による疑問文である）．

　sein の命令法は前記のように特別の変化をするが，敬称〈Seien Sie…!〉の口語的表現で，直説法現在形による〈Sind Sie…!〉という言い方も行われる．

　　Sind Sie so freundlich, und bitte, nachrücken！（乗り物の中などで）
　　　どうぞ皆さんのために前にお詰め下さい（nachrücken は，不定詞による命令・依頼の表現〔→4.5.3.1.1.〕）．

（5） 分離動詞（→4.5.1.3.）

vortreten 進み出る, herausnehmen 取り出す, hereinkommen 入って来る など分離動詞は命令形でも分離する．

Tritt / Tretet / Treten Sie *vor*！（前に出なさい．）
Nimm / Nehmt / Nehmen Sie es *heraus*！（それを取り出しなさい．）
Komm / Kommt / Kommen Sie *herein*！（お入りなさい．）

（6） 命令法と主語

ドイツ語や英語などゲルマン語派の言語では，文の定動詞（直説法・接続法ともに）には，たとえ名詞でなく代名詞でも，原則として主語になる語を付けるのであるが，命令法では，

Geh du diesmal！（今度は君が行け．）
Geht ihr an die Arbeit！（君達は仕事にかかれ．）

のような特に相手を指定する場合以外は主語を付けない方が普通である．しかし，本来の命令法でなく，接続法現在形（Ⅰ式現在）を転用した丁寧な語法，いわゆる敬称の場合は常に主語を付けなければならない．

Bitte, *kommen* Sie herein！（どうぞお入りください．）

なお，敬称 Sie の場合注意すべきは，上記〈Geh du diesmal！〉や〈Geht ihr an die Arbeit！〉同様，定動詞が主語より前に出て，倒置法になることである．この種の発言では要求の眼目が行為そのものであり，その強調のために，このように第１位に定動詞が来るのは当然の配語法といえる．

（7） その他の命令的表現

a） 話法の助動詞（→4.3.4.） sollen 〜すべきである，müssen 〜せねばならない，dürfen 〜してもよい　等による表現．

Du *sollst* deinen Vater und deine Mutter ehren．（汝の父と母を敬え．）
Du *sollst* nicht töten．（汝殺すなかれ．）
Sie *müssen* das nächste Mal vorsichtiger sein！（この次はもっと注意しなければいけませんよ．）
So was *darf* man nicht machen！（そんなことをするものではない．）
In so einem Kleid *kannst* du nicht ausgehen！（そんなドレスを着て外に出てはいけない．）

4.3. 法／話法

  Willst du mal gleich schweigen！（さあ静かにしたまえ．）
  Ich *will*, daß du hier bleibst！（君は此処に残ってもらいたい．）
  Laß uns ／ *Laßt* uns ／ *Lassen* Sie uns ausgehen！（外出しようではないか［未来形による命令表現については後述］．）
b) 直説法現在形または未来形による実行を予期した命令的表現．
  Du *bleibst* hier！（君は此処に残るのだ．）
  Ihr *geht*！（君達は行くのだ．）
  Sprich du, und ihr *hört*！（君が話せ，君達は聞くのだ．［sprich は命令法．hört は複数直説法現在形と考えられる］．）
  Du *wirst* dich *hüten*！（お前さん用心するがいい．）
  Du *wirst* mit uns *gehen*！（君は我々と一緒に行くのだ．）
c) 不定詞や過去分詞による命令の表現．
 不定詞
  Alles *aussteigen*！（皆さんお降りください［乗物の終点などで］．）
  Türen *schließen*！（ドア［複数形］を閉めて．）
  Ausfahrt *freihalten*！（出口，駐車禁止［掲示］．）
  Weiter *lesen*！（先を読みなさい．）
 幼児がショーウィンドウのケーキが欲しくて〈*Aufmachen*！開けて．〉と言うのも類似の不定詞の用法である．
 過去分詞
  Aufgestanden！（起床．）（＜aufstehen）
d) 独立した daß の文章による表現（„…ということを命ずる" というような意味の主文を省略した表現である）．
  Daß du still bist！（静かにするのだ．）
  Daß du es ja ihm sagst！（きっと彼にその事を言ってくれよ．）
e) 他の文要素が省略された，名詞や副詞だけによる表現．
  Vorsicht！（注意せよ．） *Achtung*！（気をつけ．）
  Achtung！*Achtung*！「注意」の呼びかけ（場内放送などで：英・仏 Attention）．
  Herein！（お入りなさい．） *Vorwärts*！（進め．）
  Licht *aus*！（明かりを消せ．）

動　詞

4.3.4. 話法の助動詞／法助動詞（Modalverb）

4.3.4.1. 話法の助動詞の変化
単独形

		不定詞 過去分詞	dürfen gedurft	können gekonnt	mögen gemocht	müssen gemußt	sollen gesollt	wollen gewollt
現在形	直説法	ich — du —st er —	darf darfst darf	kann kannst kann	mag magst mag	muß mußt muß	soll sollst soll	will willst will
		wir —en ihr —t sie(Sie) —en	dürfen dürft dürfen	können könnt können	mögen mögt mögen	müssen müßt müssen	sollen sollt sollen	wollen wollt wollen
	I式現在（接続法）	ich —e du —est er —e	dürfe dürfest dürfe	könne könnest könne	möge mögest möge	müsse müssest müsse	solle sollest solle	wolle wollest wolle
		wir —en ihr —et sie(Sie) —en	dürfen dürfet dürfen	können könnet können	mögen möget mögen	müssen müsset müssen	sollen sollet sollen	wollen wollet wollen

過去形	直説法	ich —te du —test er —te	durfte durftest durfte	konnte konntest konnte	mochte mochtest mochte	mußte mußtest mußte	sollte solltest sollte	wollte wolltest wollte
		wir —ten ihr —tet sie(Sie) —ten	durften durftet durften	konnten konntet konnten	mochten mochtet mochten	mußten mußtet mußten	sollten solltet sollten	wollten wolltet wollten
	II式現在（接続法）	ich —te du —test er —te	dürfte dürftest dürfte	könnte könntest könnte	möchte möchtest möchte	müßte müßtest müßte	sollte solltest sollte	wollte wolltest wollte
		wir —ten ihr —tet sie(Sie) —ten	dürften dürftet dürften	könnten könntet könnten	möchten möchtet möchten	müßten müßtet müßten	sollten solltet sollten	wollten wolltet wollten

これらは直説法・現在形・単数の１，３人称で人称語尾を欠くことに注意せ

4.3. 法／話法

よ．このような人称語尾の取り方は，普通の動詞（特に強変化動詞）の直説法過去形の場合と同じである（つまり単数形 1・3 人称が無語尾：たとえば ich / er kann というのは ich / er kam, sah〔私／彼は来た，見た〕と同様無語尾である）．元来，過去形であったのが現在形として用いられるようになったもので，過去現在動詞（Präteritopräsens〔複数形 ... tia〕）とよばれる（27 ページ a. 表の右端参照）．ただし厳密にいうと，歴史的に wollen は由来が異なり，接続法形が直説法に使われ，接続法形が新たに作られたり，他の話法の助動詞への類推で弱変化の過去形が作られるなどの経過を経た特殊な動詞である．むしろ wissen（分かっている）が同様に過去現在動詞であって，直説法現在形の人称語尾の取り方が普通の動詞，たとえば ich　höre（聞く），komme（来る）や er hört, kommt などと異なり，-e, -t などの語尾なしで語幹のまま終っている；ich weiß, er weiß

ich	weiß	wir	wissen	不定詞	wissen
du	weißt	ihr	wißt	過去形	wußte
er	weiß	sie (Sie)	wissen	過去分詞	gewußt

この種の，強変化動詞の過去形に当る形が「現在」の意味で用いられるものを過去現在動詞と言うが，古くは，他にも幾つか此の方式の変化をする動詞があった．

英語でもこの種の動詞は，3 人称単数現在形の時にも *cans, mays, shalls などのような語尾が付かないが，これも同じ事情である．

なお，語尾の取り扱いについては，wissen, müssen の場合 du weißt, du mußt のように語尾 -st の s が前の ß[= ss]に同化してしまっている点にも注意すべきである．

各時称形の例（können の 3 人称単数 er/sie/es の場合を代表して揚げる）

動　詞

	本動詞を省略して単独の場合	助動詞として
現　在　形：	Er kann es. （彼はそれができる）	Er kann es sehen.（彼はそれを見ることができる）
過　去　形：	Er konnte es.	Er konnte es sehen.
現在完了形：	Er hat es gekonnt.	Er hat es sehen <u>können</u>.
過去完了形：	Er hatte es gekonnt.	Er hatte es sehen <u>können</u>.
未　来　形：	Er wird es können.	Er wird es sehen <u>können</u>.
未来完了形：	Er wird es gekonnt haben.	Er wird es haben sehen <u>können</u>.

a)　助動詞として用いるとき，完了時称では不定詞の形で過去分詞の役目をはたす（代替不定詞 Ersatzinfinitiv　上の表の下線部）．
　　Er hat es sehen können.（彼はそれを見ることができた．）
　　〔現在完了形〕
　（ただし，Er kann es gesehen haben.　［彼がそれを見たかも知れない］
　は können の現在形＋sehen の過去不定詞［gesehen haben］である．）

b)　不定詞の形が重なるときは，haben をその前に出す．
　（上例の未来完了形）：Er wird es *haben* sehen können.
　副文中の現在完了形，過去完了形も同様である．
　　Ob sie das *hat* sehen können, weiß ich nicht.　彼女がそれを見られたかどうか，私は知らない．

4.3.4.2.　話法の助動詞の意味

dürfen：　許可，権利，必要，蓋然性など．（dürfen nicht は „してはならない" も，また „する必要はない" も意味する．

können：　能力，許可，可能性，蓋然性など．（語源的には英語の can と同じである．）

mögen：　願望，譲歩・認容，可能性など．（英語の may と同語源）

müssen：　必然，義務，必要，強制，断定，論理的帰結など．（英語の must と同語源）

sollen：　命令，義務，話者の意向，運命，噂など．（英語の shall と同語源）

wollen：　意志，主張，まさに…せんとするなど．（英語の will と同語源）

4.3. 法／話法

a) Er *muß* (*kann* / *soll* / *will*) den Brief lesen. （彼はその手紙を読まねばならない／読むことができる／読むべきである／読むつもりである．）

b) Er *muß* (*kann* / *soll* / *will*) den Brief gelesen haben. （彼はその手紙を読んだに違いない／読んだかも知れない／読んだのだそうだ／読んだと主張している．）

c) Ich *wollte* es tun, aber ich *durfte* (*konnte*) es nicht. （私はそれをしようと思った，だがしてはならなかった［できなかった］．）

d) Er *mag* sagen, was er *will*, ich glaube ihm nicht. （彼は何でも言いたいことを言うがいい，私は信じない．）

（1） 客観的意味と主観的意味

　話法の助動詞には大別して客観的意味と主観的意味という二つの用法がある．上の例の a) は，主として客観的観点から強制，能力，義務，意志などを，そして b) は，主として主観的立場から断定，可能性，噂，主張などを表している．

　客観的意味の用法では，原則としてどの時称でも用いられる．例えば，

　　Er *muß* es lesen. （彼はそれを読まねばならない．）

の muß は過去形の mußte（…ねばならなかった）という過去形のほかにも現在完了形 hat lesen müssen（意味は過去形の場合とほぼ同じ），未来形 wird lesen müssen（読まねばならないだろう）などのように．

　しかし，主観的意味の用法の場合は現在形のほかは過去形 mußte（…に違いなかった）で使われるくらいのもので，完了形のような複合時称形では用いられない．

　　Er *muß* es gelesen haben. （彼はそれを読んだに違いない．）

　なお，この主観的意味の用法では，過去の事ないしは完了した事に対する断定その他の心理的はたらきかけとして，この gelesen haben など完了不定詞とつながる事例が多い．

　ただし，単純不定詞であっても主観的用法で使われることがある．

　　Er *muß* wohl krank sein. （彼はおそらく病気に相違ない．）

そして，完了不定詞とともに用いられていても，客観的意味として「彼はそれを読んでしまわねばならない」という表現になりうるし，過去形 mußte と完了不定詞とが結ばれて「読んでしまわねばならなかった」という表現にな

動　詞

りうる．話法の助動詞一般としてはほぼ次のように使いわけられる．

	dürfen	können	mögen	müssen	sollen	wollen
客観的意味	許可 (…してよい)	能力 (…できる)	好み (…を好む)	必然 (…ねばならない)	義務 (…べきだ)	意志 (…したい)
主観的意味	理由 根拠 推量 など	可能性 許容 要請 など	推量 認容 願望 など	帰結 断定 など	仮定 保証 噂 など	気配 主張 要請 など

(2)　独立動詞として用いられた例

　　Wer nicht *will*, daß seine Gebote häufig übertreten werden, der darf nicht viel befehlen.（自分の命令がしばしば破られることを欲しないものは，多くの命令を出さぬがよい．）

　　Wer *will*, wie er kann, fängt nichts vergeblich an.（自己の能力に応じて行動しようとする人は，何をはじめても無駄にはならない．）

本動詞の wollen（欲する）

　　Du wirst den Apfel schießen von dem Kopf

　　Des Knaben — Ich begehr's und *will's*.（お前はあの子の頭からリンゴを射落とすのだ［2人称未来形で命令的である］——それが私の要望だ．）

今日，控え目の意思表示（〜したい）に mögen の接続法第II式の möchten が盛んに用いられ，別個の独立した動詞であるかのように意識される傾向にあるが，次の文は möchten が本動詞の役割すら果たしている例である．

　　Ich *möchte* nicht, daß er es erfährt.（その事を彼に知られたくない．）

英語と違って，この種の話法の助動詞を併用してもかまわない．

　　Wer nicht kann, wie er will, der *muß wollen*, wie er kann.（自分が欲するようにできない人は，自分ができるように欲しなければならない．）

　　Kein Mensch *muß müssen*！（何びとも強制されてはならない．）

(3)　文の構成等，話法の助動詞と用法上類似の動詞

　　lassen, machen（させる），heißen（命ずる），hören（聞く），sehen（見る），fühlen（感ずる），helfen（助ける），lehren（教える），lernen（習う）

4.3. 法／話法

など．
  a) zu のつかない不定詞と直接に結合して用いられる．
    Er *läßt* (*ließ*) sie kommen. （彼は彼女を来させる［来させた］．）
    Ich *höre* (*hörte*) ihn ein Lied singen. （彼が歌をうたうのが聞こえる［聞こえた］．）

heißen が「命令する」という意味の助動詞として用いられている例：
    Aber alsbald redete Jesus mit ihnen und sprach: Seid getrost, ich bin's; fürchtet euch nicht. Petrus aber antwortete ihm und sprach: Herr, bist du es, so *heiß mich* zu dir *kommen* auf dem Wasser. （イエスはすぐ彼らに話しかけられた．「安心しなさい．わたしだ．恐れることはない」．すると，ペトロが答えた．「主よ，あなたでしたら，私に命令して，水の上を歩いてそちらに行かせてください」．［マタイ伝14, 27・28］）

    ただし，heißen, helfen, lehren, lernen は zu つきの不定詞を用いることもある．
    Ich *helfe* ihm das zu suchen. （私は彼がそれを探すのを助ける．）
  b) lassen は不定詞の形に過去分詞の役目をさせる．他は通常の過去分詞を用いることもある．
    Er hat die Bücher aus London kommen *lassen*. （彼はそれらの本をロンドンからとりよせた．）
    Ich habe sie singen *hören* / *gehört*. （私は彼女（彼等）が歌うのを聞いた．）
  c) 未来の助動詞 werden も話法的に用いられることが多いが，その語形変化の方式は強変化で，全然別であり，現在形（接続法では過去形も＝条件法）でしか用いられない．
    Er *muß* es gesehen haben. （彼はそれを見たにちがいない［müssen の現在形＋sehen の完了不定詞と説明される］．）
    Er *wird* es *gesehen haben*. （彼はそれを見たであろう［sehen の未来完了形］．）

（4） 話法の助動詞と否定
　動詞に限らずどの品詞でもそうであるが，話法の助動詞も歴史的に種々の意味変遷があり，各語それぞれに意味・用法が複雑なので，よく文意を探ら

なければならない．語源的に同じ語でも，英語とドイツ語では意味の異なることが多い．特に否定が加わる場合にはドイツ語の中でも意味の分かれることが珍しくない．

　　Du *mußt*（＝darfst）*nicht* weinen.（泣いてはいけない［方言ないし古い用法で禁止の表現である］．）

　　Du *mußt nicht* mit uns kommen, wenn du nicht willst.（君は来たくなければ私達と一緒に来なくてもよい［認意］．）

　　Niemand darf den Raum verlassen.（誰も部屋を出てはいけない［不許可］．）

　　Darüber *darf* man *nicht* wundern.（そのことは別に驚くには当たらない［不必要］．）

（5）　話法の助動詞と同様の意味で用いられる動詞

　英語の have to〜（〜しなければならない），need to〜（〜する必要がある）などに似て，ドイツ語にも話法の助動詞と同様の意味を表す語法がある．〈zuつきの不定詞〉をとる点が話法の助動詞と異なる．

　　　　haben＋zu 不定詞　〜しなければならない（müssen）
　　　　wissen＋zu 不定詞　〜するすべを心得ている，〜できる（können）
　　　　brauchen＋zu 不定詞　〜する必要がある（dürfen）

　　Ich *habe* einen Brief *zu schreiben*.（私は手紙を一通書かなくてはならない．）

　　Der Kenner *weiß* diesen Wein *zu schätzen*.（通ならこのワインの価値がわかる．）

　　Sie brauchen es nur zu sagen.（それをおっしゃるだけでいいのです．）

brauchen は zu なしの不定詞とでも用いられるようになって来ており（特に否定表現，口語調で），そのため，語形変化が他のものと異なる点は別として，この brauchen も話法の助動詞とする説もある．

　また，werden を未来の助動詞とせず，これも話法の助動詞と見なす考え方もある．〈werden＋不定詞〉の語法が，実際上，時間的に「未来」というよりも，過ぎ去った事も含めて「推量・意志・命令・要望など」，種々心理的な表現に用いられることが多いからである（→4.2.6.5.）．

4.4. 態 (Genus verbi/Genera verbi)
(→1.1.3.5.)

　文法用語として用いられるラテン語の genus という語は名詞的品詞については「性」の意味になる術語であるが，それに verbum〈動詞〉の属格（2格）形 verbi をつけて「（動詞の）態」の意味にもなる．そして，動詞の態にも能動態，受動態，中間態等種々のものがあり，この「態」の意味では，genus はよく複数形 genera の形をとる（genera verbi 動詞の態）．
　動詞の態は行為の方向性をもとにほぼ次のように分けられる．
(a) **能動態 Aktiv**：行為者（Agens）の側から，それを主語として表現する語法で，たとえば次のような文がそれである．
　　Er *schlägt* den Hund. （彼はその犬を打つ．）
(b) **受動態 Passiv**：被動者（Patiens）の側から，それを主語として表現する語法である（→4.4.2. 受動態）．ドイツ語では助動詞を用いた「成る」という意味の werden や，英語の be に当る sein と受動的意味の形容詞の性格をもつ過去分詞による複合形，ないしその他の種々の方法で表される．
　　Der Hund *wird* von ihm *geschlagen*. （その犬は彼に打たれる．）
　　受動文では「何／誰がどうされるか」ということが表現の眼目であるので，その行為の主動者を表す上記 von ihm のような語句は現れないことが割合に多い．
(c) **中間態 Medium**：これは能動と受動のあいだ，行為が主語自体ないしその周辺に及ぼされるという意味の術語であるが，現代ドイツ語では**再帰動詞**（→4.4.3.）の語法で表現される．
　　Er *schlägt sich*. （彼は我が身を打つ．）
　　この語法はまたしばしば受動的表現にもなりうる（→4.4.2.3.[e]）．日本語の「自発」に似た表現である．
　　Dieses Buch *verkauft sich* gut/schlecht. （この本はよく売れる／あまり売れ行きがよくない．）
　　さらにこの再帰の語法は，複数形ないし主語が複数的意味をもつ語の

場合，**相互性の表現**にもなりうる．
　　Sie *schlagen sich.*（彼らは互いに殴りあう［ただしこの文は，事情によっては上記，単数の場合と同じく〈彼らは自分たちの身を打つ〉という単なる再帰的表現でもありうる］．）
　　単数形でも意味上複数的にとらえられ，相互性の表現になりうるのは次のような場合である．
　　Man *schlägt sich.*（殴り合いをやっている者がいる．）
　　Pack *schlägt sich,* Pack *verträgt sich.*（下司は喧嘩もはやいが，仲直りもはやい．）
　このような「相互的行為」という方向性の見地から，「能動・受動・中間（再帰）」とならんで，「相互」の意味を**四つ目の態**と称える意見もある．
　なお，助動詞や再帰代名詞その他の手段によらず，（時称の面での現在形や過去形と同様に）本動詞一語の変化形で能動形に対する受動を表す別の語形も古典語ではあり得たのであるが，現代ドイツ語では heißen の他動詞（〜と呼ぶ，名づける）と自動詞（〜と呼ばれる，〜という名前である）の意味の使い分けなどにその名残を留めるばかりで，しかも，その heißen も語形変化の面ではどちらの意味でも同じ形態で用いられている（→4.4.2.5.[a]）．

4.4.1.　能動態（Aktiv）

　法（話法，叙法）の章の直説法の項で，それまでの例文が大体において「直説法」のものを取りあつかっていることを断ったのと似た事情で，同様にここまで本書で示した例は原則として能動態に関するものである．ここであらかじめ形式的なことを表明しておけば，たとえば，
　　Das Tor *wurde geschlossen.*（門はしめられた．）
　　Das Tor *war geschlossen.*（門はしまっていた．）
の助動詞 werden も sein も，それぞれ本来「〜に成る」，「〜である」という意味の能動態の語形であり，それに受動的意味の過去分詞をそえて「〜されたものになる」，「〜されたものである」という表現にして用いられているのである．
　よく受動的意味の語法の一つにあげられる不定代名詞 man が主語の文も，もちろん形式としては能動文である．man sagt …（…ということだ，…とい

— 150 —

われる［英 they say］）．

　また，後にあげる〈sich ～ lassen〉の語法も，lassen という使役動詞の4格目的語をかくして，つまり「自分をだれそれ（4格）に～させる」という形式の中の「だれそれ」に当る4格の語を出さずにおくが，文の外形は能動文である．ドイツ語の lassen には「～させておく」という消極的な放置，放任のほかに，「～させるようにしむける」と言った machen（英 make）に似たような積極的な使役の意味もあり，文意全体としても，「～される」と言うより「すすんで～してもらう」と言う積極性が感じられることがある．

　そもそも，4.1. にあげた動詞の単独形の変化表（26・27ページ）や，それに続く単独形・複合形を網羅した「まとめ」の表も，人称や数はもちろん，時称や法についても，伝統的文法の線で要求される変化形は総括的に活用例図表（Paradigma パラディグマ／パラダイム）として提示してあるが，それらは全て能動態の変化表なのであって，それと裏腹の関係にある受動態や，さらに再帰動詞などは別個の「態」の問題である．

4.4.2．受動態（**Passiv**）

4.4.2.1．受動表現の注意事項（4.2.10. も参照）

　後にも種々例文をあげるように，受動的表現には種々の語法があるが，ドイツ語の形態論，つまり文法上の語形変化の面で普通，受動態（Passiv）といって教えられるのは，

　　　Das Tor *wird*（*wurde*）*geschlossen.*　（門は閉められる／閉められた．）

　　　Das Tor *ist*（*war*）*geschlossen.*　（門は閉まっている／閉まっていた．）

のような，助動詞 werden（本来「～になる」という動詞）や sein（「～である」という動詞で，英語の be に当る）と過去分詞で構成される語法である．前者を**動作受動**，後者を**状態受動**という．他動詞の過去分詞は原則として受動的な意味の形容詞のはたらきをする（→4.5.3.2.）ものであり，それを werden や sein と合わせて「～される／されている」という表現に用いるのである．

　助動詞 sein による後者の形式が英語の〈The gate is（was）closed.〉に当るものであるが，英語では状況次第で動作受動，状態受動の何れにもこれが用いられる：

The gate *was closed* at 8 o'clock.（門は8時にしめられた.）

The gate *was closed* when …（…した時には門はしまっていた.）

動作受動／状態受動——状態受動の現在形／sein 支配自動詞の現在完了形——sein と述語形容詞

動作受動と状態受動を日本語で「～される」対「～されている」というのと全く同じであると考えない方がよい．たとえば「アフリカは地中海によってヨーロッパから分けられている」とか，「スペインはピレネー山脈によってフランスから分けられている」などのように，時称形の用法（→4.2.1.1.［3］）でいう恒常的状態の表現でも，werden によっていわゆる動作受動の文で

Afrika *wird* durch das Mittelmeer von Europa getrennt.（アフリカは地中海によってヨーロッパからへだてられている.）

Spanien *wird* durch die Pyrenäen von Frankreich getrennt.（スペインはピレネー山脈によってフランスからへだてられている.）

のように言ってもよい．観察の都度の確認事項としての表現なのである．

また次のような文は，状態受動の現在形とも，能動で sein 支配の自動詞による現在完了形とも受けとられる（→4.2.4.2.）．

Die Tür *ist gebrochen*.（扉がこわされている／…こわれた.）

動詞 brechen には，他動詞「破る，こわす」と，sein 支配の自動詞「破れる，こわれる」という両方の用法があるからである．

言語により，ものごとの表現のために種々の語法が工夫されるのであって，文法的解釈はそのあとを追うものである．場合により解釈は必ずしも一通りとは限らず，複数の解釈がありうるのは珍しいことではない．

ただし，〈Das Eis auf dem See brach. 湖面の氷が割れた.〉などと並んで，

Die Vase *ist* in tausend Stücke *gebrochen*.（花瓶が粉みじんに砕けてしまった.）

などは自動詞の例文として辞書に記されている．破損の原因の類が示されていても，〈Die Äste brechen unter der Last des Schnees. 木の枝が雪の重みで折れる．〉のような文が自動詞の用例にあげられているから，この文が sind gebrochen となっていても，それは自動詞「折れる」の現在完了形と解されうるであろうが，上記 die Tür や，また das Tor（門），das Fenster（窓）などが主語の場合，

— 152 —

Die Tür / das Tor / das Fenster *ist gebrochen*.
など，自然の成りゆきではなく，何等か人為的な働きかけが想定されうる場合については他動詞による状態受動の現在形という可能性がありはしないか，という意見がネイティヴスピーカーの間でも問題にされることがある．

　他動詞であると同時に sein を完了の助動詞とする自動詞 (時には更に再帰動詞にもなる動詞がある) で，しかもどちらも同じ語形変化をするものについては常にこの種の問題がつきまとう：たとえば heilen(治療する／治る)，abbrechen (折り取る／折れて取れる)，abbrennen (焼き払う／焼失する) 等．

　なお次のような例は全く形容詞化したものである：Er ist gelehrt/berühmt/verrückt. （彼は学識がある／有名だ／狂っている．)

4.4.2.2.　werden による動作受動

　形態：助動詞 werden＋過去分詞

　人称・数・時称・法はすべて助動詞 werden の変化によってきまる．この受動の助動詞として用いられた場合の werden の過去分詞には ge- をつけず，worden のままでよい．未来の助動詞としての werden と重なる場合があるが混同しないように（下表のうち太字体にしてある方が受動の助動詞である)．

　受動の不定詞 gerettet (zu) werden 救われる．過去不定詞 gerettet worden (zu) sein．

　3人称・単数 (er, sie, es) の例

	直説法		接続法	
現在形	er **wird** gerettet		**werde** gerettet	
過去形	er **wurde** gerettet		**würde** gerettet	
現在完了形	er ist gerettet **worden**		sei gerettet **worden**	
過去完了形	er war gerettet **worden**		wäre gerettet **worden**	
未来形	er wird gerettet **werden**		werde gerettet **werden**	
未来完了形	er wird gerettet **worden** sein		werde gerettet **worden** sein	
第Ⅰ条件法			er würde gerettet **werden**	
第Ⅱ条件法			er würde gerettet **worden** sein	

(a) 人称・数・時称・法はすべて助動詞 werden の変化によってきまる．
(b) 受動の助動詞としての werden の過去分詞は ge- のつかない worden

　　　　　　　　　　　動　詞

である．
（1）　能動文と受動文の関係
　(a) 能動文の 4 格補足語（目的語）が受動文の主語になる．おもに意志的行為の動作主は von＋3 格で表されるが，ただし，人まで含めて原因・方法・仲介者と見なされるものは durch＋4 格で，また手段・道具などは mit＋3 格で表される．しかし，前置詞の意味は微妙であり，たとえば〈wurde mit der Post / durch die Post geschickt．郵便で送られた〉のような場合はどちらでもよい．

現在形／過去形の例
　　能動文　（彼は草花をひもでくくる／くくった．）
　　　Er *bindet*/*band* die Blumen[4] mit der Schnur.

　　　Die Blumen[1] *werden*/*wurden* von ihm mit der Schnur *gebunden*.
　　受動文　（草花が彼によってひもでくくられる／くくられた．）
　　　mit der Schnur binden（紐でくくる）の mit der Schnur という手段は能動文・受動文に共通である．von ihm のような動作主はしばしば省かれる．

現在完了形の例
　　能動文　（そのことが私の計画を駄目にしてしまった．）
　　　Das *hat* meine Pläne[4] *vernichtet*.

　　　Meine Pläne[1] *sind* dadurch（＜durch das）*vernichtet worden*.
　　受動文　（私の計画はそのことにより駄目になってしまった．）
　　　人の行為によるものでも，次の二つのうち，始めの文では von によって意志的動作主が，そしてあとの文では durch によって手段・仲介者が示されているのである．
　　　Der Brief *wurde* **von** dem Dichter selbst *geschrieben*.（その手紙は作家自身によって書かれた．）
　　　Der Brief *wurde* **durch** einen Boten *überbracht*.（その手紙は使いの者を通じて届けられた．）
　　　同じ構文の文でも，von と durch の使い分けによって意味の差が認められる．

4.4. 態

　　Er *wurde* **von** einer begeisterten Menge *aufgehalten*. (熱狂した群衆が彼をつかまえて先へ進ませようとしなかった.)
　　Er *wurde* **durch** eine begeisterte Menge *aufgehalten*. (熱狂した群集のために彼は先へ進めなかった.)

　初めの文では群集が意志的動作主であり，あとの文では群集が，彼の先へ進めなかった原因と解される.

　von と durch の使い分けは微妙な問題であって，上例〈Der Brief wurde *durch* einen Boten überbracht.〉の「使いの者」は人ではあるが手段の扱いを受けているのであるが，逆に，

　　Er *wurde* manchmal **von** der Tanzwut *befallen*. (彼は時折ダンス熱に襲われた.)

のように，現象や事物に von を用いるのは一種の擬人化が行われているものと考えられる．地震は意志的動作主ではないが，次の例のように，von＋3格で用いられることもある．

　　Diese Stadt *wurde* **von** einem Erdbeben *zerstört*. (この町は地震で破壊された.)

　もちろん，客観的な事象の報告として durch＋4格を用いることも可能である．

　　Die Stadt ist **durch** das Erdbeben zerstört worden. (その町は地震で破壊されてしまった.)

(b) nennen, heißen (〜を〜と呼ぶ) や schelten (〜と言って叱る), schimpfen (〜と言ってののしる) のように4格目的語とその述語的4格をとるものでは能動文の二個の4格が受動文で共に1格に直る．Gleichsetzungsakkusativ という語が示すように，例文でいえば「彼」と「怠け者」とがイコールの関係にあるのである．

　　Sie *nannte* ihn[4] einen Faulpelz[4].　⇔　Er[1] *wurde* von ihr ein Faulpelz[1] *genannt*.
　　(彼女は彼をのらくら者と呼んだ.)　(彼は彼女にのらくら者といわれた.)

(c) 不定代名詞 man は，形式的には単数でも内容は不特定で，人数の点では不明確であり，後に述べるように (→4.4.2.3.)，この man を主語とする文は，形は能動文であっても，しばしば受動的意味合いで用いられ，

　　　　　　　　　　動　　詞

　日本語に訳するときにも，むしろ受身で訳した方が通りのよいことが多いのであるが，その man を主語とする文をわざわざまた受動にするときは，動作主を表す von einem / von jemand などは不要である．

　　Man *hat* es *gefunden.* 　　　⇔　Es *ist gefunden worden.*
　　（人がそれを見つけた．）　　　　　（それは見つけられた．）

　不定代名詞 man を主語とする能動文を受動的表現として用いることがよくある．

　　Man tanzt heute abend. （今晩ダンスパーティーがある／開かれる．）
　　Soeben hat *man* wieder einen ins Krankenhaus gebracht.（たった今，また誰かが病院に運びこまれた）（この場合の意味上の主語である4格 einen［誰かを］はもちろん主語の man とは別人である）．

　man は1格主語としてだけ用いられる語で，その定動詞は必ず単数形をとるが，意味上は「誰かある人が／人々が」のように，不特定の「人々」をさすこともある．einer … einem, einen は原則的に単数の誰かの意味である．）

　受動文では行為の行われることが表現の要件であり，普通の受動文でも von … など主動者が示されることは割合少ないのであるが，特に上記 *Man* tanzt heute abend. を助動詞による受動文に書きかえても von *einem* のような主動者を示す語句は不要である．

　　Heute abend *wird getanzt.* （今晩ダンスパーティーがある．）

(d) 自動詞の受動文は形式主語 es を立てるが，倒置法ではその es も省略される．

　　Sie *hilft* ihm. 　　　　⇔　Es *wird* ihm von ihr *geholfen.*
　　（彼女は彼を助ける．）　　　Ihm *wird* von ihr *geholfen.*
　　　　　　　　　　　　　　　（彼女により彼に助力がなされる．）

　日本語の「助ける」には，大別して救助，救命（retten）と助力，援助（helfen）の両様の意味があり，retten と helfen をどちらも「～を助ける」と訳しておかしくないことが多いが，ドイツ語では retten は4格支配の他動詞であるのに対し，helfen は3格支配の自動詞である．

　ドイツ語では，受動文の主語になるのは能動文の4格目的語（直接目

的語)だけであるから，たとえば4格支配の他動詞 retten を用いて〈Sie rettete ihn. 彼女は彼を助けた．〉という能動文から

 Er *wurde* von ihr *gerettet*. （彼は彼女により助けられた．）

という受動文を作ることはできるが，3格支配の自動詞 helfen による〈Sie half ihm. 彼女は彼を助けた／彼の手伝いをした．〉から，英語の〈He was helped by her.〉と同じように直接〈*Er wurde von ihr geholfen.〉というような受動文を作ることはできない．能動文の3格の ihm は受動文でもそのまま3格で残し，形式主語 es を立てて，

 Es *wurde* ihm von ihr *geholfen*. （[直訳すれば] 彼に対し彼女によって助力がなされた．）

とするか，または ihm を文頭に立てて es を省略した倒置文で，

 Ihm wurde von ihr geholfen.

としなければならないのである．

 [注] 受動の命令には sein を助動詞とする語法（次項 a. 状態受動を参照）が用いられる．

  Sei gegrüßt！／Seid gegrüßt！／Seien Sie gegrüßt！（ようこそ．）

4.4.2.3. その他の受動表現

(a) sein＋過去分詞：英語の be に当たる sein を助動詞とする場合は，werden による動作受動に対して「…された状態にある」という，いわゆる状態受動である．

 Die Tür *ist*（*war*）*geschlossen*. （ドアは閉まっている [いた]．）

 Das fenster *wird geöffnet gewesen sein*. （窓が開いていたんだろう．）

 Die Schiffbrüchigen *sind* mit großer Gefahr der Brandung *entrissen worden*, jetzt *sind* sie *gerettet*. （難破した人たちは大いなる危険を冒して荒磯から助けだされた．今や彼等は救われている．）

状態受動は完了形で用いるとまぎらわしいので一般に完了形での用法は少ないが，受動の状態が終結したことを表すものとして，次のような用例がある．

 Er *ist verhaftet gewesen*, ist aber jetzt freigesprochen. （彼は拘留さ

れていたが，今は放免されている．）
- (b) sein＋zu＋不定詞（可能性，必然性を表す）
  Die Ruinen *sind* heute noch *zu schauen*. （その廃墟は今日なお見られ得る．）
  Das *ist* nicht *zu verachten*. （それは軽視されるべきではない．）
- (c) man を主語とする能動文
  Man tanzt. （舞踏がある．）（＝Es wird getanzt.）
  Man glaubte ihm nicht. （彼は人から信用されなかった．）
- (d) sich（4格）＋他動詞の不定詞＋lassen（「人に自分を…させる」という表現）
  Das *läßt* sich denken. （それは想像に難くない．）
  Ein Knall *ließ* sich *vernehmen*. （ドンという音が聞こえた．）
  Ein junges Bäumlein *läßt sich* leicht *biegen*. （若木はたやすく曲げられる．）
  Ein alter Baum *wird* nicht so leicht *gebogen*. （老木はそうたやすくは曲げられない．）
- (e) さらに再帰的用法そのものが受動の意味になることがある．
  Das *versteht sich* (von selbst). （それは自明のことだ．）
  der Vorhang *öffnet sich*. （幕が開けられる．）

4.4.2.4. 種々の受動的表現

　後にも述べることであるが，heißen の種々の用法のうち，自動詞と説明される「～と呼ばれる」という用法が，動詞一語の形態で受動的意味を表す Mediopassiv（→4.4.2.5.）という変化形の機能を受け継ぐものである．しかし今日では，助動詞 werden や sein と過去分詞，再帰動詞，sich lassen, さらに再帰代名詞＋不定詞＋lassen, 不定代名詞 man を主語とする文など種々の語法による「受動的表現」が一般的になっており，近頃は他にも受動的意味を表す語法がいろいろあげられる傾向がある．

　日本語のいわゆる迷惑の受身,「恋人に泣かれる」とか「ペットに逃げられる」などを，そのまま英語やドイツ語で受動表現にすることは出来ないが，「餌犬をたたかれる」,「本を贈られる，プレゼントしてもらう」に類する表現, (bekommen, erhalten, kriegen など，〈手に入れる，受けとる〉ことを意味

4.4. 態

する動詞による．）

  Er bekam ein Buch geschickt. （彼は本を一冊プレゼントされた．）
  Patienten, die Blut entnommen bekamen. （採血された患者たち．）

なども，受動形式の一種とされることがある．そもそも werden や sein を助動詞とする形式でもそうであるが，他動詞の過去分詞が受動的な意味を持つ形容詞であることを利用したものである．

 能動の形式なのに受動関連でよく引き合いに出される不定代名詞 man が主語の文がその代表のようなものであるが，

  Man schickte ihm ein Buch. （[誰か]人が彼に一冊の本を送った．）
  Ihm wurde ein Buch geschickt. （彼に一冊の本が送られた．）

〈werden/sein＋過去分詞〉にせよ，〈sich lassen〉にせよ，どれもみな動詞そのものの形は本来的には〈なる／である〉〈させる〉など能動的なのである．ここであらためて，4.1.3.2. の動詞変化の概念図表を参照していただきたい．すなわち，時称にせよ態にせよ，ワクで閉じた以外の部分が，動詞一語でありうる本来の変化形態なのであって，時称の面での完了や未来の表現形式同様，(heißen の「〜と呼ばれる」という語法以外) 受動については形式上みな複合形式の模造品であり，極端ないい方をすれば，意味上「受動的」と思われる種々の表現を受動態関連の語法にかぞえられる許容範囲はまだ拡がる可能性がある．助動詞 werden, sein の使いわけについては，かなり個人差，方言差もある．他動詞 bedienen は人の4格をとって「…に奉仕する，サーヴィスする」という意味で用いられ，その受動の疑問表現としては，

  Sind Sie schon *bedient*? （[客に対し] 御用はもう承りましたか．）

というような状態受動が普通であるが，

  Werden Sie schon *bedient*?

のように werden を助動詞とする地方もある（スイス）．

4.4.2.5. 種々の受動表現の互換性

 さて，受動表現について種々の語法をこれまでにあげたが，一般的にいって，文法書で取り上げられる文例については，相互の関連，その互換性について具体的な説明に乏しいのが現状である．

 キリスト教の聖書，特に新約聖書は諸言語への翻訳が豊富で，ある内容が同じ箇所で訳書によりどのように表現されているかを比較するのに恰好の言

語資料である．以下，若干の箇所について，それぞれどのような表現が行われているかを見比べてみよう．

(a) heißen という動詞が，受動の助動詞による複合形によらなくても，能動と受動，両方の意味で用いられる例をドイツ語訳聖書の中から引用しておく（統一訳 Einheitsübersetzung〔Luther 訳の語法をとっている〕，Matthäus 1,16/1,21）．

1,16. Jakob zeugte Joseph, den Mann Marias, von welcher ist geboren Jesus, der da *heißt* Christus. （ヤコブはマリアの夫ヨゼフをもうけた．このマリアからメシア［キリスト］と呼ばれるイエスがお生れになった．）

1,21. Und sie wird einen Sohn gebären, des Namen sollst du Jesus *heißen*. （マリアは男の子を生む．その子をイエスと名付けなさい．）

すなわち前者1,16の現在形 heißt は「…と呼ばれる」という受動的意味の用法（genannt wird に相当する）であるが，今では自動詞と解される．そして後者1,21に不定詞で用いられている heißen は他動詞の能動的用法（nennen に相当する）である．これら「呼ぶ」とか「名付ける」という箇所のドイツ語訳は，このほか訳者によって nennen や den Namen geben など種々の表現が用いられている．

ついでながら，この二つの文には（能動の）不定詞 gebären と受動の ist geboren も用いられている．ist geboren は，故人に関する wurde geboren と異なり，存命中のものに関して用いられる語法で，状態受動の現在（生れている）と言うよりも werden による受動の現在完了形 ist geboren worden から過去分詞 worden を省略したものと解され，その後の現在形 heißt と同じく，イエス・キリストを現に存在するものとして取りあつかった表現である（ただし，訳者によっては〈geboren ward〉など過去形にしたものもある）．

文献表にあげた Polenz の『ドイツ語史』末尾に，ルカ福音書（Lukasevangelium）2,4～6の，ヨゼフがマリアを連れてナザレからユダヤのベツレヘムというダビデの町へ上って行くくだりの訳の例が並べられている．その「ベツレヘムというダビデの町に」のドイツ語訳で違いの目立った例を若干引用すると以下の如くである．定動詞の時称が現在形であったり，過去形であったりする点に注意．

4.4. 態

　　Luther 聖書現代版：… zur Stadt Davids, die da *heißt* Bethlehem, …
　　同初訳(1522)：… zur stadt Dauid, die da *heyst* Bethlehem, …
　　Mathias von Beheim(1343)：… in di stat Dāvīdis, di *geheizen ist* (＝geheißen ist) Bēthlehēm, …
　　Tatian（2世紀のシリアの学者）の福音書総合 Evangelienharmonie からのドイツ語訳（830年頃）：… in Dauides burg, thiu *uuas ginemnit* Bethleem, …（＝war genannt：nemnen は Name に当る名詞から造られた弱変化動詞で nennen の古形，英語の動詞 name ［＝call：この語は北欧系］に当る．uuas［＝was］は現代語では war と転訛しているが，本来は今の過去分詞 gewesen という語の過去形＝英 was．不定詞は wesen〔sein に同じ〕）．

　上記，Luther 訳の heißt が今日では自動詞と言われる用法で現在形．1343年の Beheim の geheißen ist は他動詞としての heißen の過去分詞と sein による複合表記で現代のいわゆる状態受動現在形に当る語法．Tatian からの9世紀のドイツ語訳も同様に war genannt に当る状態受動の形式であるが，過去形である．

　なお，系統的に少し遠い別の古いゲルマン語だが，4世紀の訳が伝わっているゴート語訳では次のようになっている．（ローマ字表記による）
　　Ulfilas/Wulfila：… in baurg Daweidis sei *haitada* Beþlahaim, …（haitada Beþlahaim＝hieß Bethlehem）．

　この haitada が4.4．冒頭にも述べた，受動の助動詞など要らない単独の受動表現(Mediopassiv)なのである．ドイツ語に近い古いアングロサクソン語などにはそれに似た受動の語形が残っているが，近世の英語訳はたいてい〈is called〉のように〈助動詞＋過去分詞〉で表現されている．

(b) sich lassen その他

　bedienen という動詞は4.4.2.4.の末尾にもあげたが，sich bedienen という再帰の語法は構文次第で種々の意味に用いられる．
　　Bitte, bedienen Sie sich！（どうぞご遠慮なくお取りください［セルフサービスしてください］．）
　ところで，この動詞が〈sich bedienen lassen〉の様に，lassen による文に埋め込まれた場合はまた別の意味があって，新約聖書マルコ福音書10.45のドイツ語訳に次のような例がある．(dienen を用いた例もある)．

— 161 —

denn auch der Menschensohn ist nicht (dazu) gekommen, um *sich bedienen* zu lassen, sondern um selbst zu dienen und sein Leben als Lösegeld für viele hinzugeben. (Menge 1949)

Denn auch des Menschen Sohn ist nicht gekommen, daß er *sich dienen* lasse, sondern daß er diene und gebe sein Leben zu Bezahlung für viele. (Luther. *Jubiläumsbibel* 1912 [/1937])

Denn auch der Menschensohn ist nicht gekommen, um *sich dienen* zu lassen, sondern um zu dienen und sein Leben hinzugeben als Lösegeld für viele.

(というのは，人の子も**仕えてもらうため**でなく仕えるために，また多くの人の身代金として自分の命を与えるために来たのである．)

一般にゲルマン語の系統，ロマンス語の系統で，次節にあげる再帰の語法を「受動的表現」としても用いる言語が多い．

4.4.3. 再帰動詞

4.4.3.1 再帰代名詞

再帰代名詞の再帰（reflexiv）とは「反射的」ということであり，主語と同一物であることを表す代名詞で，3人称および敬称2人称・単，複数 Sie の3，4格に sich を用いる他は人称代名詞と同じものを用いる．3人称では，当該のものとは別のものの可能性もあるから sich があるわけで，同一者・同一事物であることを明示するためによく selbst を補うこともある．特に2格では冗長にならない限り selbst がよく併用される．

		1人称	2人称	3人称		
				男性	女性	中性
単数	2.	meiner	deiner / (Ihrer)	seiner (selbst)	ihrer (selbst)	seiner (selbst)
	3.	mir	dir / (*sich*)	*sich*	*sich*	*sich*
	4.	mich	dich / (*sich*)	*sich*	*sich*	*sich*
複数	2.	unser	euer / (Ihrer)	ihrer (selbst)		
	3.	uns	euch / (*sich*)	*sich*		
	4.	uns	euch / (*sich*)	*sich*		

（人称代名詞との比較は上記2.3.2.2.の他，第1巻III，表11・12）

4.4. 態

　3人称2格は副詞 selbst を補う方がよい．人称代名詞の2格を流用するので，3人称の場合は主語自身と他者との混同が特に起りやすいからである．

（1）再帰代名詞の用法に関する注意

　再帰代名詞 sich（4格 自分自身を，3格 自分自身に，……から）は，通常，行為が主語自体の身辺におよぶという再帰的表現．

> Der Mensch kennt *sich* am wenigsten.（人間は自分のことが一番わからないものだ．）

> sich⁴ freuen よろこぶ, schämen 恥じる, erkälten 風邪をひく, ereignen 生ずる, erinnern 思い出す

> sich³ etwas⁴ vornehmen ～を企てる, vorstellen ～を想像する, aneignen ～を我がものにする

などの形でよく見受けられるものであるが，それ以外の用途もこの再帰代名詞にはある．たとえば次のような場合には，再帰代名詞がいわゆる再帰動詞的表現と，状況語句（副詞句）の両方に用いられている．

> Die Erde dreht *sich* um *sich selbst* und um die Sonne herum.（地球は自転と公転をしている［論理的には um sich selbst は um ihre Achse〈地軸をめぐって〉］．）

すなわち，はじめの sich drehen は「回す」という他動詞 drehen が sich をとった，固有の再帰動詞に準ずる表現 (sich setzen〈すわる〉, sich legen〈横になる〉などの類) であるのに対して，um sich selbst に含まれる sich は〈自分自身の周りを〉という副詞句を構成する要素であるに過ぎない．ただし次のような例は，自分自身のこと，我が身の上を案ずるという意味で，再帰動詞に準じた表現である．

> Der brave Mann denkt an sich selbst zuletzt.（立派な人は自分のことは最後に考えるものだ．）

　ある種の自動詞が4格の再帰代名詞をともなって，効果・結果を表す形容詞と共に用いられることがある．

> Ich habe mich müde gearbeitet.（私ははたらいて疲れた．）

> Essen Sie sich satt！（じゅうぶんお召し上がりください．）

4.4.3.2. 再帰動詞 (→1.2.24.)

4格 sich[4] freuen 喜ぶ　sich[3] getrauen あえてする
(sich getrauen は4格再帰のこともある．)

		直説法　接続法		直説法　接続法	
現在形	ich	freue/freue	mich	getraue/getraue	mir
	du	freust/freuest	dich	getraust/getrauest	dir
	er	freut/freue	sich	getraut/getraue	sich
	wir	freuen/freuen	uns	getrauen/getrauen	uns
	ihr	freut/freuet	euch	getraut/getrauet	euch
	sie	freuen/freuen	sich	getrauen/getrauen	sich
	(Sie)				
以下 er の場合を代表とする
過去形	er	freute /freute	sich[4]	getraute /getraute	sich[3]
現.完.	er	hat/habe	sich gefreut	hat/habe	sich getraut
過.完.	er	hatte/hätte	sich gefreut	hatte/hätte	sich getraut
未来形	er	wird/werde	sich freuen	wird/werde	sich getrauen
未.完.	er	wird/werde	s. gefr. haben	wird/werde	s. getraut haben
条.Ⅰ.	er	würde	sich freuen	würde	sich getrauen
条.Ⅱ.	er	würde	s. gefr. haben	würde	s. getraut haben

a) 命令法 Freu dich! 喜べ．Freut euch! (Freuen Sie sich!)
b) 4格再帰が普通，3格再帰は比較的少なく，2格再帰はまれである．
c) 再帰代名詞のほかに補われる語句に注意せよ (→1.2.24.2.◆)
　　再帰代名詞を補足語（目的語）とすると，主語のはたらきが主語自身に及ぼされることになる．これを再帰動詞とよぶ．おおむね再帰動詞としてだけ用いられるものと，普通の動詞を再帰的に用いた場合とがある．
　i)　おおむね再帰動詞としてだけ用いられるもの：sich entschließen (決心する)，sich schämen (恥じる)，sich ereignen (生ずる)，sich erkälten (風邪をひく)，sich befleißigen (～にいそしむ) など．
　ii)　再帰的用法以外にも他動詞として用いられる動詞の再帰的用法：sich setzen (腰をおろす)，sich legen (横になる)，sich erinnern (思い出す)，sich befinden (ある，居る) など．
　　Das Buch *befindet sich* im Druck. (その本は印刷中である．)
　[注] 再帰代名詞をつけても，つけなくても同じ意味で用いられるも

4.4. 態

のもある.
　(sich) ausruhen 休憩する, (sich) nahen 近づく, (sich) flüchten 逃げる, (sich) schleichen こっそり歩く, sich zurückziehen 退くなど.

　再帰代名詞が何格であるかによって4格支配と3格支配や2格支配に分けられるが, また再帰代名詞以外に更に補足語をとる場合は注意を要する. 前置詞つきの格なども含めて, 2個以上の補足語をとるものもある.

(a) 4格支配　sich[4] setzen, sich[4] legen, sich[4] eines Dinges (od. über etwas[4]) schämen (…のことを恥じる), sich[4] ergeben (身を捧げる；3格の人を伴うときは…に降伏する；3格の物を伴うときは…に没頭する；aus … は…から結果として生ずる), sich[4] freuen (über etwas[4]は過去のことを, あるいは一般に…を喜ぶ；auf etwas[4]は或ること, 未来のことを楽しみにしている, 楽しみにして待つ；an etwas[3]は現在・眼前のことを楽しむ, 喜ぶ) など.

　　Sie setzt sich auf den Stuhl. （彼女は椅子に腰をおろす.）
　　Ich habe *mich entschlossen*, das Bild zu kaufen. （私はその絵／像を買う決心をした.）
　　Du musst *dich beeilen*, sonst wirst du *dich verspäten*. （お前は急がなければならない, でないとおくれるだろう.）
　　Es ist nicht schön, *sich selbst zu loben*. （自慢をするのは見ぐるしいことだ.）

(b) 3格支配：sich[3] et.[4] erlauben (あえて…する), sich[3] et.[4] vornehmen (…を企てる), sich[3] et.[4] vorstellen (…を思い浮べる, 想像する→次頁も参照), sich[3] et.[4] aneignen (…をわがものにする) など.

　　Ich *erlaube mir*, Ihnen eine Frage zu stellen. （失礼ながら一つうかがいます.）
　　Stellen Sie *sich* meine Lage *vor*! （私の立場を考えてもみてください.）

(c) 再帰代名詞2格は ich bin meiner sicher, er ist seiner（3人称では selbst を補う方がよい）sicher (自信がある) の如く形容詞などと共に用いられ, 再帰動詞にはあまり用いられない.

　　Er *spottet seiner selbst*. （彼は自嘲する.）

— 165 —

［注］「再帰」とは通常「自分自身を～する」というように，行為・動作が主語自身にかえる，ないしその身辺に及ぶことであったが，言語表現とは複雑なもので，たとえば次のように，再帰的語法全体として，他者への能動的行為を表現する場合もある．
  Das Wasser *bohrte sich* durch die Felsen. （水が岩にしみこんで穴をあけた．）
（その他，虫などが穴をあけて［in et. ～の中へ］入り込む．）
  Der Wurm *hat sich* durch das Holz *durchgebohrt*. （虫がくって木に穴をあけた．）
  Der Brand *hat sich* bis in die erste Etage *durchgefressen*. （火事は二階まで広がった．）
 また，sich durchbrechen（破って出る，進む，破獄する）など，前綴り durch にアクセントを置くか否かという変化の異同の問題もありうる．

4.4.3.3.　いわゆる相互代名詞（reziprokes Pronomen）
主語が複数の場合は再帰代名詞が相互の意味になることがある．
 Wann *sehen* wir *uns* wieder？（今度いつお目にかかれるでしょう．）
 Die Gäste *begrüßen sich*. （客人達は互いにあいさつをかわす．）
sich の代りに，einander という副詞を用いてもよい．
 Sie *begrüßen einander*. （彼等はあいさつをかわす．）
 Ihr *schmeichelt einander*. （君達は互いにおもねっている／お世辞をいいあっている．）
［注］　sich ないしそれに相当する uns, euch などの再帰代名詞と einander（einer dem / den anderen から来ている）とを一緒に用いないのがよいとされているが，実際にはこれらを併用することが珍しくない．

4.4.3.4.　その他
(a) 自動詞を非人称的再帰動詞として用いることがある．
 Es *schreibt sich* gut auf diesem Papier. （この紙は書き具合がよい．）
 Es *tanzt sich* gut in diesem Saal. （この広間は踊り［具合が］よい．）
(b)　sich ～ lassen や，lassen なしの単なる再帰形式による受動的表現

4.4. 態

　　　Das *läßt sich denken*. （それは想像に難くない．）
　　　Ein Knall *ließt sich vernehmen*. （ドンという音が聞こえた．）
(c) 再帰代名詞が3格か4格かによる相違．
　　　Die Tür *läßt sich*[4] *öffnen*. （ドアはあけられる．）
　　　Er *läßt sich*[3] Wein *einschenken*. （彼はワインをついでもらう．）
　　　Du mußt *dich* der Dame *vorstellen*. （お前はあの婦人に身分を名乗ってあいさつしなければならない．）
　　　Kannst du *dir* die Szene *vorstellen*？（そのシーンを君は想像できるかい．）

4.5. その他

4.5.1. 複合動詞

4.5.1.1. 複合動詞という呼称
「複合動詞」という表現は，後述のように，「単独でも用いられうる名詞，副詞，前置詞などの語と結合した動詞」という，すこし限られた意味に受け取られる可能性があるが，従来の学校文法の慣習もあり，ここでは非分離の前綴との結合の場合も含めてこの呼称を用いておく．内容的には，動詞本体につく要素の性質や，それぞれの動詞の変化，意味等をもとに次のように分けられる．2.の非分離動詞，3.のうちの非分離のものを複合動詞としない考え方もあるが，ここでは広い意味で従来の分類法による．

(a) 分離動詞（→4.5.1.3.）：abschreiben（書き写す），anfangen（始める[ab-, an- などは副詞や前置詞としても用いられる語で，強いアクセントで発音される]）．

(b) 非分離動詞（→4.5.1.2.）：besuchen（訪問する），versprechen（約束する[be-, ver- などは単語としては用いられない接頭辞で，アクセントが弱い]）．

(c) 分離・非分離動詞（ないし分離・非分離の前綴→4.5.1.4.）：übersetzen 向うへ渡す／翻訳する（たとえばこの über- が，それ自身一語でも「向うへ（越えて）」のように本来の空間的な意味を伴っている場合にはアクセントが強くて分離・独立でき，全体で「翻訳する」のような比喩的な意味を表すときには，be-, ver- などと同じようにアクセントが弱く，分離・独立しないというのが大体の使い分けであるが，um- は大体その逆の関係であり，また durch- なども空間的意味が不明瞭なことが多く，後述のように，分離か非分離かについては，アクセントの強・弱を指標として，強いものが分離独立すると憶えておくのが無難である．）

上記の分類で2.の非分離動詞の接頭辞ないし前綴り be-, ent-（emp-），

— 168 —

4.5. その他

er-，ge-，ver-，zer-，(miß-) などの中には由来があまりはっきりしないものもあり，また3．の分離・非分離動詞のうちの durch- や um-，unter- その他も含めて，接頭辞の意味はかなり複雑になっているので，それぞれ辞書の当該接頭辞の項を種々参照していただきたい．

なお，たとえば glauben（信じる）の語頭の g- は，英語 believe の be- と同様に元来は接頭辞で，古くは，たとえば mhd. gelouben であり，この独・英の両語は語源的に同語関係にあるのだが，今では glauben は単一の弱変化動詞と意識され，過去分詞には更に ge- を附加するようになっている．動詞に限らず，このように音綴の収縮により語源的構成が不明になる例は他の品詞にも多く見られるが，動詞でいえば bleiben（残る，留まる）も元は mhd. belîben というのが収縮した例で，現代語ではやはり過去分詞に ge- をとるのである．現代ドイツ語で，一定の条件による例外のほかは，過去分詞に ge- をつけるきまりになっている．

上述のように，「複合動詞」という表現には問題もあり，従来，分離動詞，非分離動詞，分離・非分離動詞の三種に分けて説明されてきたもののうち，近頃は非分離のものの説明を省くことが多い．しかし，動詞本体に接頭辞がついて，アクセント，活用の仕方，意味などがどのように関わりあうかを包括的に説明するのが有益と考え，まず非分離動詞から説明を始める．

4.5.1.2.と4.5.1.4.に述べる特殊の接頭辞によるもの以外は原則として分離動詞になる．

それぞれの接頭辞の意味については辞書を参照していただきたいが，たとえば be-，er-，ver- などのように様々の意味の附加にかかわるものがある一方で，entzwei-（真っ二つに），heraus-（こちらに出て）などのように，複合の語が接頭辞となり意味が比較的限定されたものもある．

複合動詞が全体として弱変化をするか，あるいは強変化その他になるかは，原則として基礎動詞の変化による．たとえば besuchen（訪問する）は suchen（探す，求める）と同じ弱変化動詞，versprechen（約束する）は sprechen（話す）と同じ強変化動詞，dasein（存在する）は sein（ある，いる，〜である）と同じ特殊の不規則動詞である．

ただし，たとえば begleiten（随伴する）は gleiten に be- がついたものではなく，leiten（導く）＞Geleit＞begleiten というふうに，派生名詞を経てさらに派生し，短縮した派生動詞で，強変化の gleiten とは別の弱変化動詞であ

る．同様，wallfahren（巡礼する）は fahren（強変化動詞）と異なり弱変化するが，Wallfahrt（巡礼の旅）という派生名詞が動詞化された wallfahren から来ており，過去形 wallfahrte，過去分詞 gewallfahrt である．

　また，動詞の変化には複合時称もあり，助動詞の使い分けはここでもやはり問題になる．完了の助動詞として，versprechen は sprechen と同じく haben, dasein は sein と同じく sein を助動詞にとるが，4.1.4. にあげた例でもわかるように，schlafen（眠る）は haben をとる一方で，einschlafen（眠りこむ）のように状態の変化を表す自動詞は sein をとるのである．

4.5.1.2. 非分離動詞

　接頭辞 be-，ent-（emp-：emp- は ent- の変形したものである），er-，ge-，ver-，zer-，(miß-) は強いアクセントをもたず，常に結合したまま用いられる．過去分詞にも ge- を追加せず，不定詞につく zu はこの種の複合動詞全体の前に間を空けて書かれる．ただし miß- については下記参照．

三基本形

不定詞	過去基本形	過去分詞
besuchen 訪問する	besuchte	besucht
empfehlen 勧める	empfahl	empfohlen
gewinnen 獲得する	gewann	gewonnen
versprechen 約束する	versprach	versprochen
zerreißen 引き裂く	zerriß	zerrissen

（zu つきの不定詞：zu besuchen, zu empfehlen, zu gewinnen usw.）

　　Ich *besuche/besuchte* seine Eltern. （私は彼の両親を訪問する／した．）
　　Ich *habe/hatte* seine Eltern *besucht*. （私は彼の両親を訪ねた／訪ねたことがあった．）
　　Ich *werde* seine Eltern *besuchen*. （私は彼の両親を訪ねるだろう／訪ねるつもりだ．）

助動詞 sein をとる場合については，前記 einschlafen を参照のこと．

　　Wer nicht wagt, *gewinnt* nicht. （虎穴に入らずんば虎児を得ず．）
　　Ich habe ihm *versprochen*, seine Eltern zu *besuchen*. （私は彼に，彼の両親を訪ねると約束した．）
　　Das *zerreißt* mir das Herz. （それは私の心を千々に引き裂く．）

4.5. その他

Empfehlen Sie mich bitte Ihren Eltern！（どうか御両親によろしく.）

miß- も通常は非分離の接頭辞であるが，アクセントのつけ方が一定していない．特に過去分詞，zu つきの不定詞の作り方に注意せよ：mißachten（軽視する），miß′achtet，′mißgeachtet，ge′mißachtet；zu miß′achten，′mißzuachten．

anerkennen（是認する），vorbehalten（保留する），aufbewahren（保存する）などのように，非分離動詞に更に分離の接頭辞が付いた場合は，原則としてその部分は分離する．ただし，過去分詞の ge- を省く．

er bewahrt auf；aufbewahrt（過去分詞），aufzubewahren（zu つきの不定詞）．

なお，方言によっては anerkennen 全体を非分離で〈Er anerkannte. 彼は認知した．〉のように用いることもある．

4.5.1.3. 分離動詞

ankommen（到着する），fortgehen（立ち去る），freisprechen（放免する），teilnehmen（参加する）等．

前綴に強いアクセントがある．過去分詞の ge- と不定詞に伴う zu は前綴と動詞本体との間におかれ，間をきらずに続けて書かれる．

不定詞		過去形	過去分詞
ankommen	到着する	kam an	angekommen
teilnehmen	参加する	nahm teil	teilgenommen
aussteigen	下車する	stieg aus	ausgestiegen

Die Schüler *fangen an*, das Gedicht *abzuschreiben*.（生徒たちはその詩を書きとりはじめる．）

Er *hat* daran *teilgenommen*.（彼はそれに参加した．）

副文中では分離しない：

　　Als er in Paris *ankam*, …（彼がパリに着いたとき…）

命令：

　　Steige(*Steigt*) *aus*！（降りなさい．）　*Steigen* Sie *aus*！（お降りなさい．）

wetteifern（競い合う），frühstücken（朝食をとる），langweilen（退屈させる）などは，他の複合詞を動詞化したものであって，単独動詞として

の取り扱いを受け，分離しない．

4.5.1.4. 分離・非分離動詞

分離または非分離の前綴は，durch-, hinter-, über-, um-, unter-, voll-, wider-, wieder- である．これらは，アクセントの強いときは分離するが，アクセントが弱ければ分離しない．前綴に強いアクセントがあるのは概して本来の空間的な意味が保たれている場合であるが，um- は逆のことが多く，durch- なども意味的には曖昧であるから，意味は分離・非分離の尺度としては不安定である．

分離の例 / 非分離の例

(untersuchen には分離動詞はない)

Der Arzt *untersucht* den kranken.（医者は病人を診察する．）
　… hat untersucht 等．

Die Sonne *geht* im Westen *unter*.（太陽は西に沈む．）
　… ist untergegangen 等．

(untergehen には非分離動詞はない)

Er *setzt* uns mit seinem Boot *über*.（彼は彼の小舟で我々を渡す．）
　… hat übergesetzt 等．
⟷
Er *übersetzt* ein Gedicht ins Deutsche.（彼はある詩をドイツ語に翻訳する．）
　… hat übersetzt 等．

Sie *zieht* in die neue Wohnung *um*.（彼女は新しい住居へひっこす．）
　… ist umgezogen 等．
⟷
Sie *umzieht* das Bett mit Vorhängen.（彼女はベッドにカーテンをはりめぐらす．）
　… hat umzogen 等．

wieder- に分離・非分離の使い分けがあるのは wiederholen のみで，他はすべて分離動詞となる．

Er holt das Buch wieder.（彼はその本をとりもどす．）
　… hat wiedergeholt 等．
⟷
Der Lehrer wiederholt die Regel.（教師はその規則を繰り返す．）
　… hat wiederholt 等．

4.5.2. 非人称動詞（**Impersonale**）

4.5.2.1. 形態

英語の it rains, it snows などと同様，文法上，習慣的に es を無意味の（虚辞 Expletiv →2.3.2.4.）主語として，3人称・単数でのみ用いられる動詞を

4.5. その他

非人称動詞という．非人称 (impersonal) と言っても，不定詞のように何の変化の規定も受けないというのではない．普通の動詞のように種々の人称や数の変化がありうるのではないが，「3人称・単数」という動詞変化の規定をうけ，定動詞はその形態をとるわけで，その点は上記英語の it rains, it snows なども同様である．

下記のように，自然現象に関するもの（いわゆる天候非人称動詞）と心理的・身体的現象に関するもの（いわゆる感情非人称動詞）とがある．完了の助動詞には haben を用い，また frieren が強変化（—fror—gefroren）をする以外は弱変化動詞である．

ギリシア語では無主語で動詞変化だけでよく，ラテン語やその系統のロマン［ス］語でも一般にそうであるが，フランス語では近世以降，代名詞 il を形式主語として用いる：

ラテン語 pluit（雨が降る），ningit（雪が降る）——フランス語 il pleut, il neige, ゲルマン語系の言語では原則的に代名詞を形式主語とする．ドイツ語は es（強調的表現や方言などでは古風な das も），英語 it, オランダ語 het, デンマーク語 det など．

	自然現象の例	心理的・生理的現象の例
現　在　形	es regnet　雨が降る	es freut ihn　彼は喜ぶ
過　去　形	es regnete	es freute ihn
現在完了形	es hat geregnet	es hat ihn gefreut
過去完了形	es hatte geregnet	es hatte ihn gefreut
未　来　形	es wird regnen	es wird ihn freuen
未来完了形	es wird geregnet haben	es wird ihn gefreut haben

4.5.2.2.　自然現象に関するもの

es regnet	（雨が降る）	es schneit	（雪が降る）
es hagelt	（あられが降る）	es nebelt	（霧が立つ）
es dunstet	（靄が立つ）		
es blitzt	（稲光がする）	es donnert	（雷が鳴る）
er friert	（凍る）	es taut	（［雪や氷が］融ける）
es weht	（風が吹く）	es dunkelt	（暗くなる）

　　　　　　　　　　　動　　詞

　　　es tagt　　　（夜が明ける）　　　es dämmert　　（夜が明けかかる，白む［また，たそがれる　にも用いられる］）

　　Es *blitzte* und *donnerte* die ganze Nacht.　（一晩中，稲光がし，雷が鳴っていた．）

　　Es *hat geschneit*.　（雪が降った．）

　　Bald *wird* es *schneien*.　（やがて雪が降るだろう．）

上記，一般的な非人称動詞以外にも es を用いたこの種の表現がある．

　　Es *klärt sich* auf.　（天気がよくなる．）

　　Es *gießt* in Strömen.　（どしゃ降りだ．）

詩的表現で，虚辞の es でなく，本来ならば場所の表示等であるはずのものが主語として立つこともある．

　　Der See nebelt.　（湖に霧が立ち込める．）

sein, werden による状況・時節などの非人称表現：

　　Es ist (wird) kalt.　（寒い／寒くなる．）

　　Es ist dunkel.　（暗い．）

　　Es ist Nacht.　（夜だ．）

　　Es ist Herbst.　（秋だ．）　等．

　この種の，自然現象に関する非人称表現の主語 es は倒置法でも通常省くことができない．

　　Heute morgen *hat* es stark *geregnet*.　（今朝ひどく雨が降った．）

　　Bald *wird* es *regnen*.　（間もなく雨が降るだろう．）

ただし述語内容詞が名詞であるときは，文頭以外では es が省かれうる．

　　Gestern war (*es*) schlechtes Wetter.　（昨日は悪い天気だった．［gestern は副詞］）

　次の例のように，名詞を主語とする表現も用いられる．

　　Eis und Schnee tauen.　（氷や雪がとける．）

　　Der Morgen dämmert.　（夜が明けかかる．）

　　Der Abend dämmert (od. dunkelt).　（たそがれる．）

　　Der Schnee weht.　（吹雪く．）

　es regnet, es nebelt, es tagt はそれぞれ Regen, Nebel, Tag という名詞から派生したものであるが，更に比喩的に es sommert（夏らしくなる），

— 174 —

es wintert（冬になる／寒い），es weihnachtet（クリスマスらしくなる）というような表現もありうる．

es weht は一般的に「風が吹く」であるが，「(ある空間を)風が通る」というのは es zieht である．

　　Es *zieht* hier.（ここはすき間風が通る．）

　　Es *zieht* mir in der Schulter.（私は肩が疼く［リューマチだ］．）

そしてこの後者の es zieht のように，同じ ziehen という語が次節の感情・感覚・身体的現象等に関する表現にも用いられる．同様，

　　Es *zieht* mich in die Berge / an die See.（私は山／海に行きたくて仕方がない．）

4.5.2.3. 感情・感覚等，心理的・身体的現象に関するもの

自然現象に関する es graut は色彩の問題で，「グレーになる，夜空が白む」の意味であるが，もう一つ別に es graut jm. vor …（…がこわい）という心理的非人称表現がある．更にまた，両方とも自然・天候以外で，

　　Es *juckt* mich/mir am Arm.　（私は腕がかゆい．）

は身体に関する表現であるが，比喩的な心理表現となる次のような例もあり，一口に非人称表現と言っても複雑である．

　　Es *juckt* mich in den Beinen.（私は駆け出したくて／踊りたくてたまらない［むずむずする］．）

なお，es freut jn.，es reut jn. など，普通の動詞が非人称的に用いられているものがある．

es freut mich	（私は嬉しい）	es wundert mich	（不思議だ）
es reut mich	（後悔する）	es hungert mich	（腹が減る）
es dürstet mich	（のどが渇く）	es friert mich	（寒い）
es graut mir	（私は気味が悪い）	es ahnt mich	（予感がする）
es gefällt mir	（気に入る）	es juckt mich (mir)	（かゆい／むずむずする）

人物等は4格または3格で表される（同じ動詞が再帰動詞としての表現に用いられた場合との格支配の異同については→167ページ）．

　　Es *freut* mich sehr, Sie zu sehen!（お目にかかれてたいそう嬉しいです．）

Wie *hat* es Ihnen in Berlin *gefallen*? （ベルリンはいかがでしたか．）

　前記，いわゆる天候非人称の場合と違って，この種の非人称動詞の主語 es は文頭以外では省かれうる．

　　Mich friert. （私は寒い．）
　　Mir (Mich) ekelt vor ihm. （彼の顔を見ると胸がむかむかする．）
　　Graut [es] *dir/dich* vor dem Examen? （君は試験がこわいか．）
　　Mir *graut's* vor dir. （私はあなたがこわい［Faust I. 末尾］．）

　　　この種の心理，感覚等に関する非人称的表現は古風な感じを与えるので，これに代って次のような種々の表現がよく用いられ，そしてその場合は各人称・数にわたる変化がありうる．

　　Ich friere (an den Füßen). （私は寒い［足が冷える］．）
　　Sie friert sehr leicht. （彼女は寒がりだ．）
　　Ich hungere. （腹が減った．）
　　Ich habe Durst. （私はのどが渇いた．）
　　Ich habe Hunger. （腹が減った．）
　　Ich bin / Wir sind hungrig. （私は／我々は空腹である．）

　再帰動詞（→4.4.3.2.）としての表現では，命令法も可能である．

　　Ich freue mich. （私は嬉しい．）
　　Ich ärgere mich. （腹が立つ．）
　　Ich ekle mich. （吐き気をもよおす．）
　　Freu dich / Freut euch! （喜べ．）

4.5.2.4. その他の非人称表現（**es** の用法）

(a) 行為そのものに重点をおくときや，行為の主体が明白でないようなときに，普通の動詞を非人称的に用いているものも種々ある．物音に関する表現が多い．

　　es klopft / pocht （こつこつと叩く音がする．）
　　es klingelt （呼び鈴が鳴る．）
　　es rauscht （ざわざわと音がする．）
　　es knistert （ぱちぱちいう．）
　　es brennt （燃えている．）
　　es spukt （幽霊が出る．）

4.5. その他

　　Es *klopft*(*pocht*) an die Tür(od. an der Tür). （ドアを叩く音がする．）

　　Man hört es *rufen*：„Es brennt!" （「火事だ」という声が聞こえる．）

第2巻2.3.2.4.にあげた例をここでもあげておく．

　　Die Familie saß gerade beim Mittagessen. Plötzlich *klingelt*e es. （一家がちょうど昼食の席に着いている時だった．突然ベルが鳴った[es klingelt という非人称動詞]．）

これに対し：Das Mädchen klopfte zunächst einige Male. Dann <u>klingelte</u> <u>es</u>. （その女の子はまず何度かノックをした．それからその子はベルを鳴らした[非人称表現ではなく，人称代名詞 es が das Mädchen という中性名詞を受ける用法]．）

(b) 特定の熟語

　　Es gibt nur einen Gott. （神はただ一者である．）

　　Wie *geht es* Ihnen？—Danke, (*es geht* mir) sehr gut. （ごきげんいかがですか．——ありがとう，たいへん元気です．）

　　So *geht's*(＝*geht es*) in der Welt. （世の中とはそうしたものだ．）

　　Es fehlt(od. *mangelt*) ihm an Fleiß. （彼には勤勉さが欠けている．）

　　Es kommt viel darauf *an*. （それは非常に重大だ／それによるところが多い．）

　　Es liegt mir viel (wenig, nichts) daran. （それは私には重要である[ほとんど，全然問題でない]．）

　　Es handelt sich um dich / um deine Zukunft. （君に／君の将来にかかわる問題だ．）

　　Es ist um ihn *geschehen*. （彼はもう駄目だ．）

強調のため，ないし口調で形式主語の es を文頭に立てることもある．

　　Es ist noch kein Meister vom Himmel *gefallen*. （未だかつて生まれながらにして名人上手というものがあったためしはない[ことわざ]．）

[注] **es gibt** と **es ist/sind**

　　Es gibt schöne Blumen〔4格：es が非人称主語で定動詞 gibt は es に一致して単数〕 in dem Walde. （森には美しい花がある[範囲が比較的広く，ばく然とした不定の対象]．）

— 177 —

Es　sind　schöne　Blumen〔1格：es は形式主語で定動詞 sind は複数 Blumen に一致〕auf dem Tische.（［その］机の上には美しい花がある［範囲が限定され，一定の対象をさすことが多い］．）
(c) es の取捨等について
　　前記のように，心理的・身体的現象に関する非人称動詞の場合と違って，自然現象に関するいわゆる天候非人称動詞の形式や上例 b) に類する表現では主語 es は，倒置法の文中でも一般に省略されない．
　　Es regnet heute den ganzen Tag.（今日は一日中雨が降っている．）
　　Heute *regnet es* den ganzen Tag.
　この傾向は使役の助動詞 lassen による文中に埋め込まれた場合にも認められ，
　　… er(Gott) läßt *es regnen* über Gerechte und Ungerechte.
　　（彼［神］は正しいものの上にも正しくないものの上にも雨を降らせられる［福音書の以前のドイツ語訳諸本では，この es は省略されていたが，最近は regnen の 4 格主語としての es をとる訳も行われている］．）
同様のことは Es fehlt ihm an ... という表現についても言え，次のように lassen を用いた文に埋め込んだ場合でも es が保存される．
　　Er läßt es am nötigen Fleiß fehlen.（彼には必要な勤勉さ［やる気］が欠けている．）
　上例〈es gibt ...〉は英語の there is/are の表現に当るが，英語の there と違って es は形式的にせよ主語であるから，定動詞 gibt/gab 等は 3 人称単数形に限定され，意味上の主語（4 格）が単数であろうと複数であろうと無関係である．なお，es gibt の es の正体について，「それは神だ」という説明もあるが，そのような性質の話ではなく，文法上の虚辞（前述）だということを理解していただきたい．上記〈Es　gibt　nur　einen　Gott.　神（4 格）はただ一者．〉参照．
(d) 非人称表現と他の諸表現との兼ね合い
　　非人称動詞は 3 人称単数形のみであるから，たとえば es freut dich（君は喜ぶ）には命令形はないが，再帰動詞（→4.4.3.）として用いた時には命令形がありうる．
　　（Du freust dich →）Freu dich！（喜びなさい．）

4.5. その他

　非人称表現には種々不安定な面があるが，その目立った例としてgrauen という動詞の場合をあげておく．まず，
　　es graut （空が白みかける［接頭辞 er- のついた ergrauen という派生語もある］．）
　　es graut jm./jn. （ぞっとする，…がおそろしい．）
のように，気象に関する表現と，心理に関する表現とがある．そして後者の場合は，心理的主体者を表す語が3格か，4格か不安定である．
Graut [*es*] *dir*/*dich* vor dem Examen? （君は試験がこわいのか．）
　上例でもそうであるが，心理表現では，倒置法において形式主語 es を省略してもよい．
　　Mir/Mich *graut* [*es*], wenn ich an morgen denke. （明日のことを
　　　思うとぞっとする．）
　なお，この es は形式的な語であるから，省略されない場合でもよく簡略化が行われる．
　　Heinrich! Mir *graut's* vor dir. （ハインリヒ，私はあなたがこわい
　　　［Goethe の Faust 第1部末尾における Margarete の科白］．）
　気象に関する表現では，形式主語 es を立てたいわゆる非人称構文でなく，実詞を主語とする語法もある．
　　Das Fest dauerte, bis der Morgen graute. （夜明けまで祭は続い
　　　た．）
　　Der Tag / Der Morgen begann *zu grauen*. （夜が明けかかった/空が
　　　白みはじめた．）
　前記 freuen と同様に再帰動詞（→4.4.3.）としても用いられる．
　　sich vor etwas/jemandem grauen （〜をこわがる／〜がおそろし
　　　い）
　ちなみに，英語 dim と語源的に関係のある dämmern という動詞も自然現象の grauen と似た意味で用いられるが，「夜明け／日暮れ」両方に関する表現である．比喩的に心理描写にも用いられる．

4.5.3. 不定形（不定詞・分詞）

　主語に応じた変化をして文を統合する定動詞の形をとっていないもので，

動　詞

不定詞は名詞的性格，分詞は形容詞(副詞)的性格をもつ．

4.5.3.1. 不定詞（Infinitiv[us]）

不定詞およびいわゆる完了不定詞〔過去不定詞〕（過去分詞〔完了分詞〕＋sein/haben）

（1）（zu のない）不定詞

(a) 頭文字を大文字にして中性名詞となる．〔強変化Ⅰ・同尾式．通常複数なし〕

　　Die erste Folge *des Lügens* ist *das Mißtrauen*. （偽りに対する第一の報いは不信である．）

(b) そのままで主語，述語内容詞となる：

　　Leben heißt *kämpfen*. （生はたたかいである．）

　　Alles *verstehen* heißt alles *verzeihen*. （全てを理解するということは，全てをゆるすということである．）

(c) 未来の助動詞や，法助動詞／話法の助動詞およびそれと類似の動詞と共に用いられる（4.3.4.参照）．

(d) bleiben や，運動を表す自動詞 gehen, fahren, reiten, kommen, 他動詞 legen, schicken, senden などと共に用いられる：

　　Sie geht Wasser *holen*. （彼女は水を汲みに行く．）

　　Sie legt das Kind *schlafen*. （彼女は子供を寝かせる．）

(e) 不特定のものに対する命令，強い命令に用いられる：

　　Alles *aussteigen*！（皆さんお降りください．）

　　Türen *schließen*！（戸を閉めよ．）

（2）zu つきの不定詞

主語・補足語（目的語）・状況語等（31章）の役目をすることが多い．

(a) 主語または述語内容詞の役目をする．

　　Sich *mitzuteilen* ist Natur. （心中を吐露するというのは人間の本性だ．）

　　Das einzige, was er konnte, war *zu fliehen*. （彼にできた唯一のことは逃げることだった．）

(b) 補足語（目的語）または付加語となる．

　　Er versprach, uns *zu besuchen*. （彼は我々を訪問することを約束

— 180 —

した．）
　　　Die Gewohnheit *zu rauchen* ist ungesund.（喫煙の習慣は不健康だ．）
(c) 状況語となる．(an)statt, ohne, um などと共に用いられることが多い．
　　　Ich ging, (um) ihn *abzuholen*.（私は彼を迎えに行った．）
　　　Sie schweigen, ohne sich *zu beklagen*.（彼らは嘆き訴えることもなく黙っていた．）
(d) 副文の短縮（以上と重複するところがある）（→次項）
　　　Er verspricht, noch heute *zu kommen*（＝daß er noch heute kommt).（彼は今日にも来ると約束している．）（補足語文／目的語文の代わり）
　　　Es ist nicht Tugend, niemals *zu irren*（＝daß man niemels irrt).（一度も過ちをしないなどというのは美徳ではない［主語文の代わり］．）
(e) 絶対的用法：後続する主文の配語法に影響しない（… weiß ich など）
　　　Die Wahrheit *zu gestehen*, ich weiß es nicht.（本当のところを白状すると，私はそれを知らないのだ．）
(f) haben＋zu 不定詞は必然性または可能性を表す：
　　　Er hat einen Brief *zu schreiben*.（彼は手紙を一通書かねばならない．）ただし：Er hat nichts zu essen.（彼は何も食べるものがない［この場合の zu essen は nichts への付加語］．）
(g) sein＋zu＋不定詞は受動の可能性，必然性を表す．
　　　Die Ruinen sind heute noch *zu schauen*.（その廃墟は今日なお見られ得る．）
　　　Das ist nicht *zu verachten*.（それは軽視されるべきでない．）

4.5.3.2. 分詞（**Partizip[ium]**）

　分詞は動詞に由来するものであるが，形容詞的性格を備えている．従ってまた副詞的にも用いられる．
　過去分詞，現在分詞の形をとっているが，全く形容詞化したものもある．berühmt 有名な，reizend 魅力的な．

動　詞

現在分詞(不完了分詞)：不定詞の語幹＋(e)nd(sing-end, wander-nd 等).
過去分詞（完了分詞）：(ge-sung-en, ge-sag-t 等).
　いわゆる未来受動分詞（zu＋他動詞の現在分詞）は付加語的にのみ用いられ，受動の可能，必然を表す：
　　eine schwer *zu lösende* Aufgabe　（なかなか解け難い課題）
ただし，口語ではこのような語法はあまり用いられない．（これに見合う述語としては次のような語法がある．Diese Aufgabe ist schwer zu lösen. ［この課題は解かれ難い．］)
　(a) 付加語的用法：原則として現在分詞は不完了・能動的．過去分詞は，他動詞では受動（の完了）を，sein 支配の自動詞 4.1.4. ［2］では能動の完了をあらわす（haben 支配の自動詞の過去分詞は付加語的には用いられない).
　　　siedendes Wasser　（煮え湯），die *brausende* Flut　（荒狂う波浪），ein schlafendes Kind　（眠っている子）
　　　gesprochenes Deutsch　（ドイツ語の話しことば），das eingeschlafene Kind　（眠りこんだ子）
　(b) 述語的用法：現在分詞は全く形容詞化したものに限り述語的に用いられる（英語の進行形のような表現法は用いられない).
　　　Das ist *bezaubernd*.　（それは魅惑的だ．）
　　　Sie ist *reizend*.　（彼女は魅力がある．）
　　　Er ist gelehrt/berühmt/verrückt.　（彼は学識がある／有名だ／狂っている．）
　(c) 副詞として状況語に用いられる．
　　　Sie lächelte *zurückhaltend*.　（彼女はつつましくほほえんでいた［sich 不要］.）
　　　Er kommt *bestimmt*.　（彼はきっと来る．）
　(d) 副文の短縮：いわゆる分詞文．おもに状況語文・付加語文の役目である（4.1.1.［4］).
　　　Laut um Hilfe *schreiend*（＝Indem sie laut um Hilfe schrie), lief die Frau durch die nächtlichen Straßen.　（大声で助けを求めながら，その婦人は夜の街路を突っ走った．）
　　　Pflanze, oft *versetzt*, gedeiht nicht.　（植物は何度も移植されると

4.5. その他

成長しない．)

(e) 絶対的用法

Die Sache selbst *betreffend*, ist zunächst zu bemerken, … (その事柄自体に関して，まず第一に次の事に言及しなければならない．)

Nur einen Tag *ausgenommen*, haben wir den ganzen Monat schönes Wetter gehabt. (ただ一日だけを除いて，ひと月中いい天気だった．)

(f) 名詞的用法：形容詞の名詞的用法と同じ．

der Allwissende （全知なるもの／神），ein Reisender （ある旅人），die Gefangenen （捕虜／囚人達），der / die Abgesandte （使者／大使・公使）

(g) 過去分詞による命令の表現．

Still gestanden！（気をつけ．）

Aufgepaßt！（注意．）

参 考 文 献

Ballweg, Joachim : *Die Semantik der deutschen Tempusformen.* (IdS 70) 1988.
Bäuerle, Rainer : *Temporale Deixis, Temporale Frage*. Tübingen, 1979.
Breuer, Ch. / Dorow, R : *Deutsche Tempora der Vorvergangenheit.* (Fokus 16), 1996.
Brinkmann, Hennig : *Die deutsche Sprache,* 1971. (2.A.)
Dieling, K. / Kempter, F. : *Die Tempora*. Leipzig, 1983.
Dittmann, Jürgen : *Sprechhaltungstheorie und Tempusgrammatik.* (Heutiges Deutsch I / 8), 1976.
Duden : *Die Grammatik*. 1973 und 1984.
Engel, U. : *Deutsche Grammatik* Heidelberg 1991.
Fabricus-Hansen, C. : *Tempus fugit*. (Sprache der Gegenwart 64), 1986.
Gelhaus, Hermann : *Das Begriff Tempus — eine Ansichtssache*? (Beiheft zur Zeitschrift Wirkendes Wort 20), 1969.
Gelhaus, H. / Latzel, S. : *Studien zum Tempusgebrauch im Deutschen*. (IdS 15), 1974.
Grewendorf, Günther : *Zur Pragmatik der Tempora im Deutschen.* 1982.
Hauser-Suida, U. / Hoppe-Beugel, G. : *Die Vergangenheitstempora der deutschen geschriebenen Sprache der Gegenwart*. (HD I / 4), 1972.
Heyse, J.C.A. : *Deutsche Grammatik* Hannover. Leipzig 1914[28].
Latzel, Sigbert : *Die deutschen Tempora Perfekt und Präteritum.* (Heutiges Deutsch III / 2), 1977.
Latzel, Sigbert : *Der Tempusgebrauch in deutschen Dramen und Hörspielen*. 2004.
Markus, Manfred : *Tempus und Aspekt*. München, 1977.
Rowley, Anthony : *Das Präteritum in den heutigen deutschen Dialekten.* (ZDL 50), 1983.
Thieroff, Rolf : *Das finite Verb im Deutschen.* (Studien zur deutschen Grammatik 40), 1992.

参考文献

Thieroff, Rolf: *Das Tempussystem des Deutschen.* (LA 62), 1994.
Weinrich, Harald: *Tempus. Besprochene und erzählte Welt.* 1964.
Wetzel: *Die deutsche Sprache* Bielefeld und Leipzig 1901.
Wunderlich, Dieter: *Tempus und Zeitreferenz um Deutschen.* 1970.
井口省吾:『実践ドイツ語文法』東洋出版　1990年．
茨木美帆:『受動表現の互換性とその問題点』京都外大　Brücke 2. 1999 年．
相良守峯:『ドイツ語学概論』博友社　1965年．
塩谷　饒:『ドイツ語の諸相』大学書林　1988年．
早川東三／浜崎長寿:『受動と時称』白水社　1961年．
H. ヴァインリッヒ:『時制論』紀伊國屋書店　1982年．
E. ヘンチェル／H. ヴァイト／西本美彦／高田博行／河崎靖　訳:『現代ドイツ文法の解説』同学社　1994年．
G. ヘルビッヒ／J. ブッシャ:『現代ドイツ文法』三修社　1985年（第3版）．
W. K. Jude, *Deutsche Grammatik* ウィルヘルム．K. ユーデ著，稲木勝彦訳:『基本ドイツ文法』三修社　1981年．
濱﨑長壽:『言語資料としての聖書Ⅲ――コプラ不定詞つき対格構文――』京都外大　研究論叢XXXIV．
ペーター・フォン・ポーレンツ:『ドイツ語史』白水社　1974年．
山田小枝:『アスペクト論（On Aspect）』三修社　1984年．

事項の索引

A

Ablaut（母音交替） 137
Ablautung 13
Ableitung（派生） 45
Adhortativ（勧奨法） 133
Agens（動作主・意志的動作主・行為者） 47
Aktionsart（動作態様・動作相） 30
Ansicht（眺め・見方） 35
Aorist（不定過去） 136
Aspekt（アスペクト） 48

B

besprochene Welt（説明する時称群） 122

D

Doppelperfekt（第Ⅱ現在完了・第Ⅱ現在完了形） 93
Doppelplusquamperfekt（第Ⅱ過去完了・第Ⅱ過去完了形） 93
durativ（継続的・持続態の） 33, 45
durative Aktionsart（継続態） 33
dynamisch（動的） 47
Dynamizität（力動性） 47

E

Ersatzinfinitiv（代替不定詞） 144
erzählte Welt（語り時称群） 122

Evangelienharmonie（福音書総合） 161

F

Faktitiv[um]（作為動詞） 19
flektierende Sprache（屈折語） 2
Frequenz（頻度） 48

G

Genus verbi（態） 149
grammatischer Wechsel（文法交替） 23
Grundgesetz（[ドイツ連邦共和国]基本法） 103

H

Habitus（習慣態） 48
Handlungsverben（行為動詞） 47

I

Iterativ（反復態） 48, 53

K

Kausalität（因果性・作為性） 47
Kausativ[um]（作為動詞） 19
Konditionalis Ⅰ（第Ⅰ条件法） 123
Konditionalis Ⅱ（第Ⅱ条件法） 123
Konjugation（活用・動詞変化） 11

事項の索引

L

Lukasevangelium（ルカ福音書） 160

M

Mediopassiv（中間態受動表現） 158
Medium（中間態） 149
modal（話法的） 123f.
Modus（法／話法） 123

N

nicht-durativ（非継続態） 45

P

Paradigma（パラダイム・パラディグマ・活用例図表） 151
Patiens（被動者） 149
perfektiv（非継続的） 33
perfektive Aktionsart（非継続態） 33
Perspektive（パースペクティブ・ペルスペクティーヴェ） 49
Präteritopräsentia（過去現在動詞） 143
point of the reference（観察時点） 121
point of the event（動作時点） 121
point of the speech（発話時点） 121

R

reduplizierende Verba（反復動詞） 22
reflexiv（再帰的） 162

S

Stamm（語幹） 46

T

Tempus（時称・時称形） 12

V

Valenz（ヴァレンツ） 7
Vergangenheit（過去） 39
Vorgangspassiv（動作受動） 46
Vorgangsverben（経過動詞） 47

W

Wurzel（語根） 33

Z

Zeit（実際上の時） 29
Zukunft（未来） 39

事項の索引

ア

アオリスト	136
アスペクト	30, 48
後綴 -ieren, -eien	16
アングロサクソン語	161
安堵・喜びを表す接続法II式	132
意志的動作主	47
入れ子式複合文	7
因果性	47
インド・ヨーロッパ語族	11f.
引用の現在	58
ヴァレンツ	7
英語	173
es の省略(自動詞の受動文における)	156
オランダ語	173

カ

外交的接続法	132
回顧パースペクティブ	122
確信的表現(未来において完了する事柄の)	91
過去現在動詞	125, 143
過去群	123, 127
過去形の消失(上部ドイツ語の)	74
過去形の代替的用法	67
過去形(未来の事態を表す)	68
過去不定詞	28f., 144
過去分詞の前に ge- を追加しない動詞	16
仮想的表現(人物の行状の)	99
語り時称群	122
活用	17
活用例図表→パラディグマ	151
仮定的帰結	131
仮定的結論	131
仮定的条件	131
仮定的比較	131
仮定的認容	131
過程的(過去形)	106
ゲルマン語派の言語	140
観察時	106
観察時点	121
勧奨法	133
間接説話	123
間接話法における願望	130
間接話法における命令	130
官庁用語(古い)	7
願望の接続法	8
願望(実現不可能な)	131
完了態	33
完了態と完了時称	41
完了的	33
完了不定詞	28
完了分詞	15, 28
希求法	123
気象に関する表現(実詞を主語とする)	179
規則動詞	9
基礎動詞	169
北ゲルマン語	72
疑念(間接話法における話の内容の)	129
機能動詞	10
虚辞	178

虚辞の es	174	時称の一致	128
ギリシア語	173	事態の推移	30
疑惑を表す接続法 II	132	自動詞の非人称的再帰動詞的用法	166
屈折語	2	自動詞	10
経過動詞	47	自動詞の受動文	4
継続相	45	支配関係	10
継続態	30,33f.,41f.,45,63,68,71f.	習慣態	48
継続的	33	主語動詞	10
劇的現在	57	主語文	6
結合価	7	上部ドイツ語	104,107
ゲルマン語	32	助動詞 do	5
ゲルマン語派	17,101	叙法	123
ゲルマン語系	173	状態受動における完了形	157
現在関連	105	状態動詞	30
現在完了形の命令法	136	助動詞による拡張パターン	29
現在群	123,128	述語内容詞文	6
行為者	149	主文の過去時称の影響（副文の時称に対する）	132
行為動詞	47	状況語文	7
語根	33	状態受動	151
語幹（動詞の）	46	受動文における man の省略	156
ゴート語	22,32	助動詞	9
		新約聖書	161
サ		心理的な差異	73
再帰	162	心理的なつながり	80
再帰代名詞（3格か4格かの相違）	167	進行形（英語の）	52
再帰的語法（他者への能動的行為の表現としての）	166	スラブ系の言語	33
作為性	47	聖書（キリスト教の）	159
作為動詞	47	聖書のゴート語訳	161
三基本形	14,15,17	接頭辞 ge-	15
歯音接尾辞	13	説明する時称群 1	122
時称	12	ゼロパースペクティブ	122
時称形	30,123	前域	2

前綴（アクセントのない）	14	動作受動による恒常的状態の表現	152
前綴のはたらき	45	動作相	30
総合的変化	17	動作態様	30, 34, 41, 45, 66
相互性の表現	150	動作態様を表す手段	47
		動作動詞	30

タ

		倒置法	139
第Ⅰ条件法	29, 123	時の基準	55
体験話法	125	時の基準（独立的）	55
体験話法（現前の事態を表す）	68	時の基準（付随的）	55
代替不定詞	144	動的	47
第Ⅱ過去完了形	80, 93	同時性（付随的な）	65
第Ⅱ現在完了形	80, 93	動詞変化	11
第Ⅱ条件法	29, 123	動詞変化を規定する要素	9
他動詞	10	独立的な主文	65
ダミーとしての würde	125		

ナ

単一動詞	9		
地の文	114	二個の4格の受動文	155
中間態	149	二重書き換え形式	80, 93
中高ドイツ語	19	認容を表す接続法Ⅱ	130
直説法過去形（非現実の表現に使われた）	125		

ハ

直接説話	123	パースペクティブ	49, 122
直説法現在形（命令口調の）	124	派生（動作態様の表現としての）	45
定時的行為	31	派生語	33
定動詞後置	6	発話時点	121
定動詞第1位	140	パラダイム	151
定時的表現	32	パラディグマ	151
定時的用法	42f.	半過去	112
デンマーク語	173	反復態	48, 53
ドイツ連邦共和国	103	反復動詞	22
動作時点	121	非継続相	45
動作主	47	非継続態	30, 33f., 41, 45, 65, 71, 72
動作受動	46, 151	非継続的	33

事項の索引

非人称動詞	9
美的過去	67
被動者	149
非人称動詞（名詞から派生した）	175
非人称動詞の命令形	178
頻度	48
付加語文	7
不完了分詞	28
不規則動詞	9
福音書総合	161
複合動詞	9
複合時称形	39
副文の構造	6
副文の役割	6
複雑複合文（わざとらしい）	7
複合動詞とアクセント	168
副詞（継続態を表すための）	49
不定詞	8
不定時的用法	43
不定時的表現	32
普遍的用法	43, 44
フランス語	173
文域	2
分詞	11
分析的変化	17
文末	6
ペルスペクティーヴェ	49
母音交替	13, 137
補足動詞	10

マ

前綴（→ぜんてつ）	
未来（過去における）	87
未来完了形の使用頻度	117
未来形による現在の事柄についての推量	86
未来形による積極的な意図の表現	86
未来形による未来の事柄についての推量	86
未来形による要求・命令(禁止)・忠告	86
未来受動分詞	182
命令法における -e の省略	136f.
命令法未来形	136
命令法と主語	140
目的を表す接続法Ⅰ	131
目的語文	6
物語の時称としての過去形	107

ヤ

要求話法	139
四つ目の態	150

ラ

ラテン語	173
力動性	47
歴史的現在形	57, 59
ルカ福音書	160
ロシア語	48
ロマン［ス］語	173

ワ

枠構造	2ff., 6
枠外	3
話法的意味	57
話法的表現	124

語句の索引

A
auf daß（目的を表す接続詞） 131

B
be＋〜ing（英語） 48
bitte（の取捨） 135

D
damit（目的を表す接続詞） 132
det（デンマーク語） 173
dim（英語） 179
dürfte（外交的接続法） 132
duzen 135

E
-eien 14
ersehen 42
es（の省略） 174, 176, 178
es gibt と es ist/sind 177

F
frieren 42

G
g-（語頭の） 169
ge-（の取捨） 17

H
have to 〜（英語） 148
het（オランダ語） 173

I
-ieren 14
ihrzen 135
il neige（フランス語） 173
il pleut（フランス語） 173
it（英語） 173
it rains（英語） 172
it snows（英語） 172

K
know（英語） 48
könnte 132

M
man sagt 150
miß-（アクセント） 171
möchte 132
mögen 129f.

N
need to 〜（英語） 148

O
ohne daß 132

S

sehen	42
sëhen	42
sich ～ lassen	151
Sind Sie …!(Seien Sie …! に代わる)	139
siezen	135
sollen（未来の助動詞）	83
sollen（間接話法の命令）	129
sollte（疑惑の表現）	132

V

Vergißmeinnicht	137
von と durch	154

W

wa（幼児語）	108
wast（幼児語）	108
werden（können の代用）	90
wollen（未来の助動詞として）	83
wollen（由来）	125
wurde（würde でなく）	116
wurde＋不定詞	119
würde（wurde のダミーとしての）	116
würde（体験話法の指標としての）	112

Z

zu … als daß	132

人名および固有名詞

Brinkmann, H.	114
Beheim	161
Duden 文法（刊行年言及なし）	113, 118f.
Duden 文法（1973）	81, 93
Duden 文法（1984）	117
ヘルビヒ／ブッシャ	121
Helbig / Buscha	93
Grimm, J.	13
Hauser / Beugel	80, 93, 118
Latzel, S.	59, 110, 118
Polenz, P. von	160
Reichenbach, H.	121
Tatian	161
Thieroff, R.	116ff.
Weinrich, H.	116, 121

目録進呈　落丁本・乱丁本はお取替えいたします。

平成20年3月10日　　Ⓒ 第1版発行

著　者	浜崎　長寿	
	野入　逸彦	
	八本木　薫	
発行者	佐藤　政人	

発行所

株式会社　大学書林

東京都文京区小石川4丁目7番4号
振替口座　　00120-8-43740
電話　　（03）3812-6281〜3番
郵便番号112-0002

〈ドイツ語文法シリーズ〉4

動詞

ISBN978-4-475-01493-9　　写研・横山印刷・精光堂

浜崎長寿・乙政　潤・野入逸彦編集
「ドイツ語文法シリーズ」
第Ⅰ期10巻内容（※は既刊）

第1巻
※「ドイツ語文法研究概論」　　　浜崎長寿・乙政　潤・野入逸彦

第2巻
※「名詞・代名詞・形容詞」　　　浜崎長寿・橋本政義

第3巻
※「冠詞・前置詞・格」　　　成田　節・中村俊子

第4巻
※「動詞」　　　浜崎長寿・野入逸彦・八本木　薫

第5巻
※「副詞」　　　井口　靖

第6巻
※「接続詞」　　　村上重子

第7巻
※「語彙・造語」　　　野入逸彦・太城桂子

第8巻
※「発音・綴字」　　　枡田義一

第9巻
※「副文・関係代名詞・関係副詞」　　　乙政　潤・橋本政義

第10巻
※「表現・文体」　　　乙政　潤

著者	書名	判型	頁数
乙政　潤　著	入門ドイツ語学研究	A5判	200頁
乙政　潤　著	日独比較表現論序説	A5判	202頁
鈴木康志　著	体験話法	A5判	224頁
橋本政義　著	ドイツ語名詞の性のはなし	A5判	152頁
乙政　潤ヴォルデリング　著	ドイツ語ことわざ用法辞典	B6判	376頁
浜崎長寿・乙政　潤・野入逸彦　編	日独語対照研究	A5判	248頁

― 目　録　進　呈 ―